为未来而育

金华 ◎ 著

NURTURING
FOR
THE
FUTURE

中华工商联合出版社

图书在版编目（CIP）数据

为未来而育 / 金华著. —北京：中华工商联合出版社，2023.10
ISBN 978-7-5158-3799-4

Ⅰ.①为… Ⅱ.①金… Ⅲ.①幼儿教育-亲子教育 Ⅳ.①G781

中国国家版本馆CIP数据核字（2023）第224195号

为未来而育

作　　者：	金　华
出 品 人：	刘　刚
责任编辑：	胡小英
装帧设计：	周　琼
排版设计：	水京方设计
责任审读：	付德华
责任印制：	陈德松
出版发行：	中华工商联合出版社有限责任公司
印　　刷：	天津创盈印刷有限公司
版　　次：	2024年1月第1版
印　　次：	2024年1月第1次印刷
开　　本：	880mm×1230mm　1/32
字　　数：	180千字
印　　张：	7
书　　号：	ISBN 978-7-5158-3799-4
定　　价：	58.00元

服务热线：010—58301130—0（前台）
销售热线：010—58302977（网店部）
　　　　　010—58302166（门店部）
　　　　　010—58302837（馆配部、新媒体部）
　　　　　010—58302813（团购部）
地址邮编：北京市西城区西环广场A座
　　　　　19—20层，100044
http://www.chgslcbs.cn
投稿热线：010—58302907（总编室）
投稿邮箱：1621239583@qq.com

工商联版图书
版权所有　侵权必究

凡本社图书出现印装质量问题，请与印务部联系。
联系电话：010—58302915

序言 PREFACE

俗话说，孩子是未来的希望。孩子是父母最珍贵的财富，我们每个父母都希望自己的孩子拥有一个美好的未来，当孩子出生时，就象征着父母们的希望和梦想开始了新的历程。

初为人母，我没有经过任何培训就"无证上岗"了，关于教育孩子的方法和技巧只能靠自己在生活实践中感悟和总结。在这个过程中，我和家人、孩子都是共同在实践中摸爬滚打，经历过一地鸡毛，经历过风雨彩虹……

我从事教育20年，从简单地只是想给自己的儿子创造学习英语的语言环境，到逐渐认识到语言只是儿童成长环节的一部分，从培训院转型开办幼儿园，学习幼儿园教学体系，认识到儿童必须要从被动学习转到主动学习，现在致力于探究课程的推广。我在这个过程中看到了太多家长的内卷：

有些家长，希望孩子快快长大，在孩子的食谱里，有了牛奶面包、五谷杂粮还嫌不够，他们要配上种种"营养液"，恨不得把天底下的好东西，全都装进那小小的肠胃中；

有些家长，望子成龙心切，要求孩子门门功课得满分，兼有多种爱好和专长，如钢琴、绘画、音乐、舞蹈等，想让孩子百科无所不晓，百艺无所不精；

有些家长，在孩子的成长道路上，遍设温室和驿站，替他们抗御风暴，剪除荆棘，又沿途铺上晶莹光洁的大理石，以营造孩子"一路平安"的坦途；

有些家长，关心孩子的生活、健康，却又不关心他们怎样为人处世，忽视了对他们的心灵培养，忘记了要把孩子塑造成一个真正的人；

……

家长们所看重的这些，真的是孩子们未来所需要的吗？或许，我们需要以一种全新的视角来看待教育，在教育中既关注已知，也关注未知。我们不应该仅仅关注孩子眼前的成绩，更要有"为未来而育"的长远眼光，培养孩子更好地适应未来。

随着对教育本质越来越深入地理解，我渐渐萌生出写书分享的念头，希望家长们放弃焦虑，不要把过多的关注放在功利化的结果上，比如分数、金钱、名利，等等，而是要把眼光放长远一些，多关注孩子的创新力、综合发展能力以及社会适应能力等，这样才更有利于孩子未来的发展。

人生就是漫漫长路，每天都要享受路上的风景。"爸爸""妈妈"就是一本书——每一个父母，都应该尽自己所能，把自己的这本书写得尽量精彩，如果您还不知道应该怎样让自己写得更精彩，那么就请您拿起这本书，因为从您拿起这本书的那一刻起，您就已经开始书写精彩，让您的孩子成为未来的希望。

目录 CONTENTS

第1章 父母的眼界，影响孩子的未来

1. 我和孩子一起成长　　002
2. 心态乐观的父母对孩子的成长有积极影响　　005
3. 最好的教育就是做最好的自己　　008
4. 用正确的方式爱孩子　　010
5. 陪孩子一起阅读　　014
6. 高质量的陪伴才是与孩子正确相处的方式　　017
7. 像朋友一样跟孩子相处　　020
8. 让孩子多见见世面　　023

第2章 内心强大的孩子，未来更精彩

1. 给孩子留足万金，不如帮孩子修一颗强大的心　　028
2. 有了你的肯定，孩子会更好　　032

3. 没有赏识就没有教育　　　　　　　　　　035
4. 为了理想而努力拼搏　　　　　　　　　　039
5. 让孩子始终保持乐观的情绪　　　　　　　043
6. 自信的孩子有力量　　　　　　　　　　　048
7. 不怕挫折，敢于面对困难　　　　　　　　052

第3章 除了学习成绩，未来更需要综合能力

1. 成长比成绩更重要　　　　　　　　　　　058
2. 给孩子更多自主选择的机会　　　　　　　061
3. 让孩子相信爱的力量　　　　　　　　　　065
4. 有孝心的孩子会共情　　　　　　　　　　069
5. 懂得分享的孩子更能适应社会　　　　　　073
6. 从小培养孩子的"独立性"　　　　　　　077
7. 唤醒自驱力，孩子更积极主动　　　　　　083

第4章 专注的孩子，成功的概率更大

1. 了解脑科学，给孩子们插上翅膀飞翔　　　090
2. 有了兴趣爱好才更容易专注　　　　　　　096
3. 孩子的专注力是可以培养出来的　　　　　099

4. 做事讲效率，不拖拉 　　　　　　　　　　102

第5章 ｜ 打破传统思维，未来需要创造力

1. 人人都是天生的冒险家 　　　　　　　　108
2. 开发孩子的想象力比学习知识更重要 　　111
3. 开启孩子的创造力 　　　　　　　　　　115
4. 好奇心是孩子的天性 　　　　　　　　　118
5. 让孩子勇敢地去尝试 　　　　　　　　　121

第6章 ｜ 为未来而教，为未来而学

1. 自然教育成为新的"治愈方式" 　　　　　128
2. 每个孩子都是天生的艺术家 　　　　　　131
3. 让孩子优秀，先培养开放式大脑 　　　　139
4. 在游戏中快乐成长 　　　　　　　　　　143
5. 人工智能时代，孩子需要培养什么能力 　148

附录

幼儿园探究式主题课程的实践与思考	154
课程案例一：创意串珠	158
课程案例二：看见情绪	162
课程案例三：创意水墨	172
课程案例四：保罗校车	178
课程案例五：如何制作一本书？	191
课程案例六：阅读，开启探索之旅	205

后　记	215

第1章

Chapter 1

父母的眼界，影响孩子的未来

教育家梁启超说：父母的眼界，决定了孩子的边界。而学识影响眼界，眼界影响格局，格局影响一生。对于一个孩子来说，父母的眼界决定了孩子的起跑线。真正有眼界的父母，他们尊重孩子的成长规律，鼓励和支持孩子实现每一个阶段应该做的事情。

1 我和孩子一起成长

作家庆山曾说："人需要按照自己的天性走，变成自己真正的样子。就像种子一样，按照内在的节奏和秩序，发芽生长。"

孩子的成长，亦是如此。孩子在成长之路上，会慢慢形成属于自己的独特秩序。破坏了孩子的秩序，孩子就会从主动变为被动，渐渐地远离自律。作为父母，我们要做的，是尊重和保护孩子的内在秩序。当他们迷茫时，帮助他们找到自己的节奏。当他们犯错时，温柔地指引他们，找到人生的方向。呵护孩子的秩序，让孩子自己成长，是父母给子女最好的教育。

我原本希望通过办学的方式能够更好地陪伴孩子。结果办学后才发现每天被大量的琐事纠缠，我根本无暇顾及孩子，他就像一个野孩子一样游荡在培训学校。有一次我到沈阳出差，正巧遇到一个书店清仓处理，我买下3000多本英语读本，建了一个小型图书馆，后来这里成了我家孩子停留最多的地方。每天，孩子和学校的外教同吃同住。正是这样的生活环境给了他母语的环境，他从来没有背过单词，但现在可以自如地听英语的专业讲座。我是和孩子一起成长的，一边办学一边学习，孩子也逐渐长大了。孩子9岁时自己单飞，参加了美国夏令营。小学毕业后，我又让他参加了北京夏令营活动，并现场观看了奥运会、世博会等。

教育无他，唯爱和榜样。我和孩子就是自己做自己的事情，共同成长。父母是孩子最好的榜样，父母活得精彩，才能给孩子力量。尤其是妈妈，当妈妈内心强大，具有内在修养和外在光彩时，就会得到家庭的尊重和社会的认可，传递给孩子的就是一种自信、幸福的能量场，不仅影响孩子，还会影响整个家庭，所以妈妈们永远不要停止学习，要独立，要追求美好的事物。

我常常在想，别的母亲也许做得比我好多了。一个出色的母亲必须明白，教育孩子的知识和技巧永远不会有足够的时候，因为新的问题总是不断产生，需要有新的解决方法。一个好母亲应该在不断探索和自我完善中不断改进自己的教育方法，而这一过程要持续到孩子长大成人。

育儿即育己，真正的教育是和孩子共同成长。这一段父母子女同行的路上，父母引导着孩子，走向更优秀的人生。而孩子则教会父母，万事平和，稳定情绪。

孩子的成人之路，也是父母的成熟之路，和孩子不断互补，终会收获更好的自己。

余生，愿你能不忧不虑，放慢脚步，和孩子一同进步。愿每个孩子，都能在轻松的氛围中，自律地掌握自己的人生。

❷ 心态乐观的父母对孩子的成长有积极影响

　　人的一生要遇到很多困难和挫折，但要告诉孩子们，他必须成为一个坚强的人。心理承受能力差的人很容易被困难打垮，只有坚强的人，才能在挫折中找到成功的路径。能够接受失败，否则无法养成持之以恒的性格。从一开始就要学会忍受失败带来的负面影响，并勇敢地面对。

　　有些孩子在遇到失败后，便有了心理压力，这样一来，本来能够做好的事无法做好了。遗憾的是，有些父母在孩子遇到失败产生害怕心理的时候，不仅不给适当的鼓励，反而责怪孩子说孩子太笨、太蠢之类的话。这样做的结果，非但不能帮助孩子鼓起勇气面对失败，反而使他的心理压力越来越大。

　　在孩子遇到困难或在某一件事上失败之时，能够宽容地对待他，帮助他找回自信，是父母应尽的责任。让孩子勇于面对失败的最好办法就是宽容，要允许孩子失败。

如果说对孩子放任不管的父母浪费了孩子宝贵的生命，那么，那些过分呵护孩子的父母，却是给孩子的人生布下了充满诱惑和甜蜜的陷阱。

社会是复杂的也是多彩的。社会中有各种现象的存在，有真善美，也有假恶丑。作为父母，不要主张只让孩子看到社会真善美的一面，同时更要告诉孩子，社会也有险恶与虚伪的一面。既然社会上存在着这样那样的丑恶，就要用适当的方式告诉孩子，让孩子有心理准备，这样才能培养孩子坚强的个性。

从一个人成长的一般规律看，逆境、挫折的情景更容易磨炼意志。顺境当然可出人才，但是逆境更容易出人才。在逆境中经过挫折，千锤百炼成长起来的人，更具有生存力和更强的竞争力。因为逆境中奋斗的人，既有失败的教训，又有成功的经验，更趋成熟。他们能把挫折看成一种财富，深谙只有失败才可能成功。对于小孩子来说，敢于面对失败，如何面对失败，往往是他们长大后是否获得幸福的关键。

允许孩子失败是帮助孩子战胜失败，走向成功的关键因素。失败并不可怕，可怕的是害怕失败的心理。害怕失败的心理不消除，久而久之，孩子就会养成一种对事物缄默、等待或者不参与任何活动的习惯，这对他的健康成长极为不利。因此，无论他做什么只要不违反固有的原则，不做有损于自己和他人的事，都要尽力支持他去闯、去干，在行动上鼓励他去尝试。只要拥有不怕失败的勇气，再加上正确的引导，一切都会向好的方向发展。

父母应该让孩子知道，人生的道路不可能是一帆风顺的，成长往往与坎坷、挫折相伴而行。一定程度的挫折，可以激发人克服困难的勇气和力量。现代社会是一个充满挑战的社会，在这样的社会中，如果没有经受挫折的洗礼，没有学会承受挫折和失败带来的负面情感，没有正确对待挫折的心态，就好像是温室里的"花朵"，是不可能真正地独立和适应社会的。

"每一种挫折或不利的突变，是带着同样或较大的有利的种子。"因此，从小在孩子心里播下一颗耐挫的种子，可以让他们更加自如地在人生的天地里飞翔。

世上没有一条笔直、平坦的路，只有在挫折中不断进取，才能摘取成功的桂冠。能够以平和心态面对并战胜困难，是生活的强者；然而能够以乐观的心态面对困难，并将它转化为生活中的硕果，才是生活的智者。明智的父母不会为孩子扫平一切障碍，而是帮助孩子，让他自己去克服困难、历练成长，并将困难变为生命中的光环，让孩子不仅成为生活的强者，更成为生活的智者。

③ 最好的教育就是做最好的自己

教育无他，唯爱与榜样。父母是孩子最好的榜样，父母要活得精彩，才能给孩子力量。孩子需要看到有力量的妈妈，一个独立自信、优雅美丽的妈妈就是最好的榜样。言传身教，身教大于说教。妈妈们永远要走在学习的路上。当妈妈内心强大，具有内在修养和外在光彩时，就会得到家庭的尊重和社会的认可。传递给孩子的就是一种自信、幸福的能量场，不仅影响孩子，还会影响整个家庭。所以妈妈们要保持学习、独立、美丽。

犹太人有一段发人深省的话："注意你们在孩子面前的一举一动，你们的每一个举动都已铭刻在儿童记忆里，决定着他们的未来。"孩子的成长离不开父母的养育和滋养，父母的思维、观念及行为方式，直接影响孩子的人生观、价值观。其实每位父母都很爱自己的孩子，问题是能否为他的一生着想。如果想让孩子成为一个受人尊敬的人，那么，首先要自己成为一个真实的父母，诚实、可信、不虚荣、不卑微。由此看来，父母以身作则，给孩子做个好榜样，尤为重要。

在榜样教育中，英国著名思想家约翰·洛克认为，"无论给儿童什么教育，无论每天给他什么样聪明而文雅的训练，对他的行为能产生最大影响的依然是他周围的同伴——父母的行动。"可见家长的榜样作用对孩子成长的重要性。

家长是跟孩子接触时间最长的人，在生活中，家长的一举一动、一言一行都潜移默化地影响着孩子的成长和性格。因此，家长在教育孩子的时候一定要注意自己的言行，增强自己的修养，以免对孩子造成不良影响。父母不能忽视自身行为对孩子潜移默化的影响，一个明确指导孩子的实际行动效果要比一千次的叮咛强上百倍。

因此，父母要用实际行动教育孩子，这才是最有效的教育方式。

孩子的言行就像一面镜子，反映着家庭和父母的精神，所以希望孩子好，首先自己要起榜样引导作用。榜样引导，就是在与孩子的朝夕相处中，父母处处以身作则，以自己榜样的力量去影响孩子的发展，而不是以说教的方式来教育孩子。这种无声的潜意识教育方法，在孩子的幼小心灵中可以起到"随风潜入夜，润物细无声"的作用，往往比有声的教育作用更大。

④ 用正确的方式爱孩子

作为父母没有原则地满足孩子，只会让孩子越来越不懂得珍惜，真正的爱孩子并不是无条件地满足孩子所有的需求，而是要充分考虑孩子的情况，适当地满足适量的需求，父母一味地慷慨给予，溺爱孩子，而不教会孩子如何理解爱和对其他人的爱，时间长了他们会认为理所当然，只有父母通过正确的方法爱孩子和教育孩子，才能保障孩子的身心健康和快乐成长，从小培养孩子心怀感恩，爱是克制并不是溺爱。

就像植物生长需要土壤一样，孩子成长也需要土壤，这个土壤就是"爱"。每个父母必须通过学习、实践才会懂得爱的正确方式。

让孩子吃点苦，对孩子的健康成长是非常必要的。俗话说得好：欲保小儿安，须有三分饥与寒。饥与寒就是让孩子吃点苦，如果孩子连一分饥与寒都体验不到的话，如同温室的花朵娇嫩、脆弱，势必妨碍他们的健康成长。

从许多方面来看，现在的孩子生活比蜜还甜，但这样也使得他们缺乏吃苦的环境。对他们来说，不是吃苦的时间太多，而是太少了。在艰苦生活中能自然而然形成的毅力、自理能力、责任感和技能，现在的孩子却并不容易养成。因此，我们做父母的就需要创造一些时机，帮助他们培养这些特质。

古语道："小亏不吃吃大亏，小苦不吃吃大苦。"孩子在小时候，吃一点苦、遭遇一些困难，是好事。如果父母怕麻烦，代替孩子做事情；如果父母怕孩子吃苦，而承担孩子的责任，虽然免掉了孩子的哭闹与纠缠，但却剥夺了孩子培养良好品格和发展自我能力的机会，这就是很大的危害了。

"天将降大任于是人也，必先苦其心志，劳其筋骨，饿其体肤，空乏其身，行拂乱其所为。"父母不管希望孩子将来做什么，都要从小培养孩子的吃苦习惯，如果以为多给孩子方便，少让孩子吃苦，就是爱孩子，那么只会过早地抹杀孩子的拼搏精神和创造能力。

俗话说，娇惯是害。事实上也确实如此，父母不可能保护孩子的一生，也不应试图这样去做。现实告诉人们，做父母的应端正自己的教育观念，不能将对孩子的"襁褓期"延伸得太长太宽。对孩子有求必应，不让孩子受一点委屈，不遭一点磨难，这其实是一种畸形的爱。

从另一方面来说，孩子由于缺乏生活知识和经验，尤其对生活的艰难缺少体验,往往就会提出一些不合理、不正确的要求,这是可以理解的。但家长要理智地对待孩子提出的要求,正确的、合理的要求,应当予以满足;不正确的、不合理的要求,哪怕是再强烈、再迫切,也要"忍痛割爱"。爱孩子是有学问、有讲究的,爱必须有积极的作用才是真正的爱。

父母爱孩子没有错,但不能溺爱。为了孩子的将来着想,父母应该从小培养孩子良好的品格,提高孩子的各种能力,这才是科学地爱孩子。

第一,在生活细节上体现对孩子的真爱。孩子在成长的过程中,时刻需要真爱的阳光无微不至地照耀,所以,父母应将对孩子的爱体现在细节处,例如,一个温柔的拥抱、一句信任的话语或是一个问候的电话,都可以让孩子感受到父母的真爱。

第二,家长教育态度与方式要统一。教育孩子的时候,父母要意见一致。有些父母面对孩子不好的行为时,妈妈批评孩子,爸爸却在一边说没事,这样孩子也弄不清楚自己是对是错,容易导致不良行为的继续。父母的一方在对孩子的不良行为进行惩罚时,另一方就不要在孩子面前表示疑义,以免孩子对自己的错误认识不当,重复或者加重不良的行为。

第三,家庭成员平等,不给孩子搞特殊。有些父母天天围绕着孩子转,对孩子特别关注,经常给孩子搞特殊待遇。这样的孩子会存在严重的自私心理。无论父母多么疼爱孩子,祖辈怎样娇宠孙辈,都应平等地对待孩子,不给他搞特殊待遇,让孩子在互相关心、互相尊重中身心健康地成长。

第四,对孩子"摸索"中的创伤不要大惊小怪。父母不要对孩子限制太多，不要怕孩子碰着、磕着，更不要对孩子在摸索中的误伤大惊小怪。父母要学会放手，因为孩子只有自己动手才会提高生活的能力。即使在孩子没有经验的情况下误伤了自己，父母也不要大惊小怪，而是应该引导孩子如何正确去做，鼓励孩子坚持下去。

5 陪孩子一起阅读

吉姆·崔利斯的《朗读手册》上，有这样一段话："你或许拥有无限的财富，一箱箱的珠宝与一柜柜的黄金，但你永远不会比我富有——我有一位读书给我听的妈妈。"的确，陪孩子一起阅读，是父母给孩子最宝贵的财富，可以给孩子的一生留下美好、温馨的回忆。

父母与孩子一起读书，在教育上称为亲子阅读，不仅能为孩子带来丰富的知识，陶冶孩子的性情，帮助孩子全面发展，同时，在这个过程中，孩子也会和父母之间建立一种良好的关系。双方更容易理解，更容易沟通，能享受更多成长的乐趣。

中国一代文学巨匠巴金先生小的时候，他的母亲就很注意培养他的阅读能力。

母亲经常教巴金背诵古代诗词。母亲把那些文字优美、意境深刻的诗词，像念儿歌一样念给儿子听。小巴金也像学儿歌似地跟着母亲读，尽管还不明白这些诗词的意思，但他却十分用心地学。

母亲似乎有永远也教不完的内容，她常常用一些白纸订成好几本小册子，每天抄一首诗词在小册子上，然后发给巴金和其他儿女。每天晚上，母亲都要把孩子们叫到身边，母亲用温柔的声音给他们读这些词句。母亲先是一个字一个字地教，然后，再把一整句诗词连起来教，并为孩子们讲解其中的含义。等他们全读懂后，母亲就拿出印泥让孩子们在学过的那首诗词上做标记。第二天晚上，母亲又会把孩子们召集到一起，温习前一天学过的诗词，然后再开始教新的诗词。这就是巴金接触文学的开始，他至今还记得那白纸上一个个娟秀的小字。

母亲的教育方法毫不死板，而且和颜悦色，很少发脾气。这使巴金非常轻松愉快地和母亲共同徜徉在文学的海洋之中，从此以读书为乐，他说："我们从没有一个时候觉得读书是件苦事情。"

母亲用自己的一言一行影响着巴金，使得巴金从小就接受了文化的熏陶。也许正是童年时代这种美好的读书经历，让巴金喜欢上了读书，渐渐走上了文学之路，成为享誉海内外的文学大师。

阅读是一种终身教育的好方法。培养孩子的阅读兴趣，孩子喜欢读书是父母送给孩子最好的礼物，也是家庭教育成功的标志。"授之以鱼不如授之以渔"，所以，为人父母者，要从小重视培养孩子阅读的兴趣。

与孩子一起读书，是培养孩子阅读习惯的关键。在很多父母看来，读书是孩子自己的事情。事实上，阅读能力是一种综合能力，它不是一朝一夕可以形成的，而是循序渐进的一个过程。在孩子形成阅读习惯之前，需要定时陪孩子一起读书，让读书成为家庭的一个固定活动，进而在孩子的印象里形成读书是生活中不可或缺的一部分，进而养成读书习惯。因此，父母要担负起阅读教育的职能，培养孩子广泛的阅读兴趣。

父母应该放宽孩子的阅读范围，让孩子读自己想读的书，自由地发展孩子阅读的天性。作为父母，必须准备足够数量的书籍来满足孩子的愿望，并要照顾到男孩子和女孩子对不同内容的选择。学龄前儿童阅读图书要有图画来帮助他们理解书中的内容，同时形式要简单，能够启发孩子思考。首选的是一些童话故事书，其次是科学幻想故事书，然后才是传奇故事和英雄人物故事书，最后才是数学、游戏、发明、创作、科学知识、动物世界、海洋旅游、历史笑话、诗歌传记和天文地理等。

家财万贯，不如满室书香，文化资产的影响力更胜于物质财富。家里图书的数量、种类越多，父母越常和孩子讨论书籍的内容，孩子的阅读能力就会越强。

❻ 高质量的陪伴才是与孩子正确相处的方式

现代社会,繁忙的工作让很多父母们陪伴孩子的时间越来越短,"忙"成了他们的"口头禅"。孩子想和父母一起吃饭。"忙!你先吃吧";孩子想和父母一起出去玩,"忙!自己玩吧";孩子想和父母说说话,"忙!找小朋友们玩去吧"……

作为父母,你可曾想过,这些冷冰冰的回答,让自己和孩子之间的亲情越来越淡漠。心理专家表示,缺少父母关爱的家庭更容易产生问题孩子,无论工作多忙,父母都要抽出时间多陪陪孩子。

孩子的成长只有一次,忽略了孩子的成长,会欠下孩子很多的感情债,他们情感上所缺失的东西不是我们拿金钱就能换回来的。要知道,只满足孩子的物质需要,而忽视了孩子的感情需要，这种爱是片面的、缺乏感情的。人都是需要感情的，对于孩子来说，更需要亲热的情感和父母的温暖。特别是年龄较小的孩子更需要和父母进行亲密接触。

父母是孩子的第一任老师。孩子的许多行为习惯和对事物的认识方式等在很大程度上都受到父母的影响，特别是入学前的儿童更是如此。童年期是社会化的关键时期，家庭中的亲子关系，家长的言传身教，对儿童的语言、情感、角色、经验、知识、技能与行为规范方面的习得，均有潜移默化的作用。一个眼神，向孩子传递的是温度；一句关爱，向孩子辐射的是幸福。所以，父母挤出时间多陪陪孩子，可以更多地以自己的行为引导孩子人生观、价值观的完整形成和正确发展。

父母的陪伴要建立在读懂孩子的基础上。父母可以做很多策略性的事情，但背后的理念是——读懂孩子、了解孩子需求，这才能让亲子沟通在一个良性的轨道上运转。每个孩子都需要从父母那里得到爱，而这个爱就来自家长高质量的陪伴。

我们怎样才能做到高质量的陪伴呢？

1. 要动静结合

和孩子一起疯闹算是一种，累了可以转为静态地陪伴，读绘本、画画、听儿歌，等等。

2. 量化的陪伴

高质量的陪伴其实强度比较大，我们给自己设小任务，比如：一次15分钟讲绘本，10分钟听听轻音乐，游戏20分钟，散步1小时。我们把看似忙碌的一整天分割成许多小任务。

3. 形成习惯

每天安排固定的时间做该做的事,形成固定的日程习惯。

4. 成为朋友

父母与孩子之间应该像朋友一样平等自由,我们不能自作主张替孩子做决定。

高质量的陪伴,就是在有限的时间里,把陪伴的质量提高,其余的时间引导和鼓励孩子。切记,金钱不是万能的,孩子的成长,需要父母给予足够的安全感和亲密感。陪伴并不是把孩子放在身边就可以了,一定要让孩子在你的言谈举止中感受到爱。高质量的陪伴,才是与孩子相处的正确打开方式。

7 像朋友一样跟孩子相处

根据马斯洛的需要层次理论,受尊重的需要是人类较高层次的需要。一旦这种需要无法获得满足,人就会产生沮丧、失落等负面情绪。

孩子也是如此,他们也有受尊重的需要。如果我们能与孩子协商,孩子就会非常乐意与我们交流,反之,孩子则会产生逆反心理,封闭自我。美国成功学家卡耐基说过,用"建议",而不是"命令",不但能维持对方的自尊,而且能使他乐于改正错误,并与你合作。

在教育孩子时,妈妈们早已习惯了站着说话,对孩子发号施令,把自己的思维和主观愿望强加到孩子身上,而很少考虑到孩子内心的想法。当自己的愿望与孩子的想法产生碰撞的时候,妈妈们就会对孩子大失所望，然后强制孩子按自己的意愿行事，根本不会考虑孩子的感受。

如果我们蹲下来，蹲到和我们的孩子一般高时再开口说话，情况又会怎样呢？

至少，孩子肯定会认真地听你说话，这一点非常重要。倘若你在说话，而他心不在焉，那么即使你说得再多，道理再正确，又有什么用呢？

蹲下来吧，只有蹲下来，不再居高临下，与孩子完全处于平等状态，孩子才会把他的真实想法告诉你——这就是孩子为什么喜欢把心里话对自己的朋友说，却不愿与妈妈说的原因。蹲下来，这一步很关键，因为不管孩子的想法对还是不对、有无道理，你只有在了解了孩子的真实想法之后，才可能有的放矢地教育孩子……

美国精神病学家威廉·哥德法勃曾经说过："教育孩子最重要的，是要把孩子当成与自己人格平等的人，给他们以无限的关爱。"无数事实也表明，我们以居高临下的姿态来关心孩子，反而会使孩子产生逆反心理。只有我们转变姿态，像对待朋友那样去关爱子女，才有可能让孩子感受到平等。

两代人的沟通，最重要的是相互理解、相互尊重。而实现相互理解、相互尊重的方法就是学会商量。学会与孩子商量，在子女的教育中还有更为重要的一个方面。那就是对孩子提出的要求，我们不能满足或不应满足时，我们不应粗鲁而简单地拒绝：不行！不许！

妈妈学会与孩子共同商量既可以增加相互的理解，也可以避免家庭中一些无谓的争吵；而且更重要的是它可以教会孩子在社会上怎样做人和与人共事。因为我们在日常生活和工作中，只要与人相处，分歧是不可避免的。

随着孩子年岁的增长，子女在喜好和兴趣，甚至交友诸方面的看法都会与父母产生分歧。这时妈妈对子女的一些喜爱与兴趣绝不能简单地禁止。而应在充分尊重的前提下与子女商量，以求得共识或找出正确解决的途径。

喜欢与孩子协商的妈妈是民主的妈妈。在这样的家庭氛围中，孩子渐渐会养成民主协商的习惯，都会主动与妈妈进行沟通，这样的亲子关系是非常令人羡慕的。当然了，只要我们记住凡是有关于孩子的事情，都不要忘了他们才是事件的主角，一定要征询他们的意见，这样他们才会心理平衡，也会更加乐意与我们进行交流。

⑧ 让孩子多见见世面

见世面,不是只往高处看,"世面",其实就是各种复杂的、各层面的、多维度、多视角的社会真实的情况。毕淑敏说:"因为见过世界的广阔,你就会知道自己的渺小。"

梁启超一生有九个孩子,包括梁思成、梁思永,每一个都是出类拔萃的人才,因此在教育上,梁老还是很有发言权的。而梁启超曾经在给孩子写的家书中提道:我希望你们每个人都能多出去走走、看看,见见世面。因为对于孩子们的培养,赚钱、成名并不是他的目标,而是为了能够培养出全面发展的人才,梁家的孩子们也都很争气,在不断地捶打、磨炼下,最终都成长为国家所需要的人才。

世界这么大,我想去看看,孩子需要开阔视野、多见识世面。那么家长在教育孩子的过程中，首先要了解"见过世面"的孩子与"没见过世面"的孩子有什么区别？

1. 情商高

见过世面的孩子情商非常高，尤其是表现在公共场合中，这些孩子知道不应该乱喊乱叫，因为走过的地方多，慢慢地就会养成习惯。而那些与之相反，没有这些经历的孩子们无法得体地控制自己的情绪。

2. 处世大方得体

见过世面的孩子们往往会从书中或者接触的人中学习到很多为人处世的知识，这种环境也会让他更加懂得如何与人友好相处。因此这类孩子在幼儿园或者学校总是懂得谦让、礼貌，不管老师还是同学都会对其颇有好感，而这种优势在以后的工作生活中都会带来很大的帮助。

3. 勇敢表现，毫不怯场

没有见过世面的孩子，碰到大场面容易出现怯场的情况，难以表现自己真实的水平。而见过世面的孩子往往能够勇敢地展示自己，轻易不会怯场，不易受到外界的干扰。

4. 有内涵

因为去过很多的地方，看过很多的书籍，能够从中了解到不少课本上没有的知识，因此，见过世面的孩子们往往会更加有内涵，知书达理，文质彬彬，并且这种习惯将会影响孩子们的气质，也是会伴随他们一生的优点。

5. 兴趣广泛

因为接触面变广泛，了解到的知识也随着年纪增加不断地增

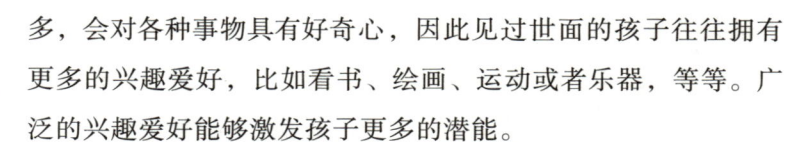

多，会对各种事物具有好奇心，因此见过世面的孩子往往拥有更多的兴趣爱好，比如看书、绘画、运动或者乐器，等等。广泛的兴趣爱好能够激发孩子更多的潜能。

"见过世面"和"没见过世面"的孩子，真的会有天壤之别，但见识这种东西，不是一朝一夕习得的，靠的是在日常生活中，经年累月地积累与提升。

那么，我们如何培养出一个"见过世面"的孩子呢？

1. 陪孩子一起读书

多阅读能够带给孩子不同的感受和体验，可以不出门尽知天下事。从小培养孩子爱读书的习惯，其实不仅仅是为了让他能够安静下来，更多的是在书中"见到"更多的世面。

2. 积极参加社交活动

父母都希望培养出见识出众的孩子，为了让孩子更加出色，父母需要多带孩子参加社交活动。在日常生活中，孩子不仅仅要接触家人，还要接触更多的陌生人。如果能够和陌生人进行顺畅的沟通交流，那他以后的人际关系也不会出现太大的问题。

在参加社交活动的同时，父母要让孩子勇敢地表现自己。孩子大胆发言，表达自己的看法，不仅会让人觉得孩子很有礼貌，并且可以培养孩子的胆量和勇气，以后遇到大场面就不容易紧张。

3. 积极参加各类比赛

这是一个百花齐放的社会，也是一个勇于竞争的社会。真正优秀的人才，都是在竞争中产生的，为了更好地培养孩子，最好的方法就是让孩子参加各类比赛。多参加比赛，可以让孩子发现自己的不足和短板，还可以多学习他人的长处，开阔自己的视野，实在是一举几得。

正所谓：人外有人，山外有山。孩子多见识世面，多拓宽视野，了解人与人之间的差距，才有助于孩子未来的发展。

4. 带孩子游览世界各地

如果经济和时间允许，父母可以多带孩子出门游玩，多看看外面的世界，多增长见识。

除此之外，旅行中遇到一些小考验，父母不妨鼓励孩子自己思考问题、解决问题。多经历新事物，可以让孩子拥有更加开放的心胸。

朴货君说：每一位父母都重视孩子的教育，在增长孩子见识的问题上，值得每一位父母去思索和探讨。对于孩子来说，多见天地，多出去走走，多"见见世面"！这样能够让他们意识到人生有更多的可能性，能够培养他们的大格局，让孩子发现世界的美好，更有利于培养孩子积极外向的性格。

第 2 章
Chapter 2

内心强大的孩子，未来更精彩

清华大学社会科学学院院长彭凯平说："心理韧性的培养与锻炼恰恰是我们'人之为人'最重要的能力。"是的，决定一个孩子在未来是否成功最重要的因素不是智商，也不是情商，而是在于是否拥有这种"心理韧性"。孩子的内心强大，才能更好地对抗人生路上的各种磕磕绊绊。

1 给孩子留足万金，不如帮孩子修一颗强大的心

我们都知道，孩子的成长路上没有一帆风顺的，总有跌倒的时候，只有在跌倒后爬起来才能走得更稳、更好。俗话说，给孩子留足万金，不如帮孩子修一颗强大的心。身为父母，我们最大的任务不是给孩子多好的物质享受，而是如何训练孩子变得坚强、勇敢，教会孩子做一个内心强大的人。

著名科学家居里夫人曾说过这么一句话："我的最高原则是：不论任何困难，都绝不屈服！"可见一个人要拥有良好的承受失败与战胜挫折的能力，和受到挫折后百折不挠、不向失败屈服的精神，才能成为一个成功的人。

俗话说得好："困难像弹簧，你弱它就强。"父母应当鼓励孩子跌倒了自己爬起来，鼓励孩子面对困难、克服困难，成为生活的强者。有位教育学家曾说过这么一句话，如果孩子的生命是一把披荆斩棘的刀，那么挫折就是一块不可缺少的"砥石"，为了使孩子生命的"刀"更锋利些，应该坚决摆脱"过分保护"的教育方式。

然而很多父母却不明白这点，他们总是不敢让孩子去经历风雨和困难，认为这就是保护孩子，其实这种想法是错误的。困难和挫折可以磨炼人的意志，对孩子健康成长有着深远的意义。如果一味地保护孩子，就不可能让孩子形成坚强的意志，而意志薄弱的人又怎能成才呢？

人的一生总会经历摔跤和失败，这个时候，父母要做的是鼓励并协助孩子自己爬起来，而不是在孩子跌倒的时候，赶紧跑过去扶起来。这样孩子会产生依赖心理，以后如果再跌倒，就会一味地寻求父母的保护与帮助，而不会自己爬起来。

每一个孩子都是一块璞玉，关键在于父母怎么去雕琢他。在孩子摔倒的时候，应当鼓励孩子自己爬起来。因为孩子的每次失败，都会给孩子一个很好的教训，让他以后的人生步子更稳健。只有让孩子自己勇敢地站起来，才能坚定地走上健康成长的道路。

父母作为孩子的第一任老师，不论希望孩子将来干什么，都要培养孩子从小学会面对困难、面对挫折，不能一味地将他们视为掌上明珠，不让他们受一点委屈，以为多给孩子方便，少让孩子遭受挫折就是爱孩子，实际上是过早地剥夺了孩子的吃苦精神和创造力培养的机会，只能让他们长大后归于平庸和无能。

人只有经历过挫折，从小培养顽强的意志力、忍耐力，才会最终获得成功，才能在竞争中立于不败之地。给孩子一点挫折，对孩子的一生是大有益处的。放开手让孩子独立面对生活的各个方面，并适当地给以小小的"刁难"，让其自己解决，孩子几经如此"折磨"，将来就不会像温室里的豆芽那样，一碰就断。

古今中外的理论和实践都证明：挫折教育可以增强孩子的适应能力、磨炼意志、形成自我激励机制，有着其他教育所无法替代的作用和价值，这正是孩子成长所必不可少的"壮骨剂"。

父母应该让孩子知道，人生的道路不可能是一帆风顺的，成长往往与坎坷、挫折相伴而行。一定程度的挫折，可以激发人克服困难的勇气和力量。现代社会是一个充满挑战的社会，在这样的社会中，如果没有经受挫折的洗礼，没有学会承受挫折和失败带来的负面情感，没有正确对待挫折的心态，就好像是温室里的"花朵"，是不可能真正独立和适应社会的。

"自古英雄多磨难，从来纨绔少伟男。"这句充满智慧的警句，生动地说明了磨难与挫折对一个人成才的重大作用。年少时极少遇到挫折的孩子，常常在长大后难以适应激烈的竞争和复杂多变的社会环境。聪明的父母，应该克制"帮孩子一把"的冲动，给孩子一个了解挫折、感受挫折并且攻克挫折的机会，让他们在挫折之中充分发挥自身的潜能，培养坚定的信念与百折不挠的勇气，为日后的成功奠定基础。

"每一种挫折或不利的突变，是带着同样或较大的有利的种子。"因此，从小在孩子心里播下一颗耐挫折的种子，可以让他们更加自如地在人生的天地里飞翔。

世上没有一条笔直、平坦的路，只有在挫折中不断进取，才能摘取成功的桂冠。能够以平和心态面对并战胜困难，是生活的强者；然而能够以乐观的心态面对困难，并将它转化为生活中的硕果，才是生活的智者。明智的父母不会为孩子扫平一切障碍，而是帮助孩子，让他自己去克服困难、历练成长，并将困难变为生命中的光环，让孩子不仅成为生活的强者，更成为生活的智者。

❷ 有了你的肯定，孩子会更好

放大孩子的优点，是中国教育家归纳出的教育良方，是现代家庭教育科学理念与方法的延伸与创新，也是许多妈妈通过实际运用，并取得良好效果的经验总结。专家指出，真正高明的妈妈，应该以欣赏的眼光看待孩子，赏识孩子身上哪怕只是一个小小的优点。赏识和激励，将促使孩子在快乐中改变、在快乐中进步。

生活中很多妈妈都有过这样的体会：对任何孩子来说，往往是表扬越多，优点越多；训斥越多，毛病越多。赞美是妈妈送给孩子的最好礼物，妈妈越是能够发现和放大孩子的优点，孩子就会具有更多的优点，说不定还会有出人意料的表现。

当然，这其中的关键是妈妈要善于发现孩子的优点，哪怕发现一点小小的进步，也应及时肯定，不应该认为有些优点不值得一提就忽略、漠视。"星星之火，可以燎原"，优点也是一步步发展的，等积累到一定程度，孩子的综合品质就会有一个质的飞跃。

我们要想让孩子在快乐中成长，就必须学会赏识孩子。赏识孩子的全部，包括他的优点和缺点。因为，当今社会独生子女物质生活条件很优越，在物质要求达到满足后，他们更渴望精神需求的满足，渴望得到周围人特别是妈妈、老师的关注和赏识。赏识所产生的激励作用是巨大的，它能提高孩子的自我价值感，对自己会更有自信，并能以更饱满的热情去接受新的事物。

所以，我们要学会在日常生活中去寻找、发现孩子的闪光点，积极地为他们创造条件，使其闪光点充分燃烧。在实践中时时把握赏识教育孩子的机会。如：当孩子遇到困难时，当孩子遭到失败时，当孩子胆小不敢尝试新事物缺乏信心时，当孩子做了一件似乎不能做好的事时，我们都应给予鼓励，给予孩子一个微笑，告诉孩子："你行，妈妈相信你……"孩子有了妈妈的鼓励会感到有一股强大的力量在支撑着他，从而对自己更充满自信心。接着，当孩子产生什么事都想自己尝试做时；当孩子学会独立进餐时；当孩子学会自己穿脱鞋子时；当孩子兴致勃勃想帮你做事时，我们都要由衷地肯定孩子的行为，如竖起大拇指告诉他："你做得很好，妈妈为你的行为感到高兴"。这样一来，孩子看到了自己的优点与成绩，他的优点与良好的行为就会得到强化，他的自信心就会越来越强。

孩子能敏锐地感觉到成人对他们的态度。成人的态度是孩子对自身言行作出价值判断的依据，赏识是激发孩子内心张力不可缺少的外部驱力。赏识是一种理解、是一种激励。在孩子的成长过程中，赏识孩子是促使他们将自身的能力发展至极限的最好方法。

这世界上没有教不好的孩子，就看你会不会使用"赏识教育"这把开启孩子心灵的金钥匙。不少孩子有这样的体验，因为在某次考试中考出了好成绩，从此就爱上了该门课程；反之屡遭失败，就可能引起孩子对该门课程的憎恶。可见，成功意识对青少年的成长多么重要。

我们需要用放大镜去观察孩子，当我们为孩子的缺点烦恼时，不妨静下心来，从头到尾，认真回味一下孩子身上至少不会令你烦恼的地方，你总会发现孩子身上的可爱之处，或许，或许孩子的一个小动作、一个微笑，都可能打动你的心。

妈妈们请务必记住，对待任何一个孩子，往往是表扬越多优点越多，训斥越多毛病越多。赞美是我们送给孩子的最好礼物。我们越是能够发现和放大孩子的优点，孩子就会具有更多的优点，就会变得更加优秀。

③ 没有赏识就没有教育

人性中最本质的需求就是渴望得到尊重和欣赏，每个孩子都希望得到父母的赏识。赏识孩子不仅要善于发现孩子的优点和长处，为孩子设置恰当的奋斗目标，而且要善于将目标分解为阶段性的可实现的目标，以保持孩子的自信力。更要善于发现孩子的每一个进步，加以肯定，加以鼓励，加以强化。

适度夸奖、赞美，能够满足孩子的多种需求，如价值感、胜任感、自信心等。在日常生活中，父母如果能够对孩子在学习上或一件小事情给予夸奖与赞美，可以满足孩子的成就欲，并让孩子树立起自信心，不断向更高层次挑战和探索，从而赢得更多、更大的成功，以获得父母的再次"奖励"。所谓的奖励，可以是一句赞美，也可以是一件小小的礼物。

此外，夸奖、赞美对于培养孩子良好的行为习惯和道德品质起着积极的作用。孩子与成人不同，他们的自制能力较差。从这一方面来说，父母的正确引导与积极夸奖对于孩子起着至关重要的作用。适度的夸奖、赞美，对于孩子来说是一种驱动力，让孩子更加乐于这样做。当然，待孩子真正得到赞美时，孩子会自己告诉自己："只要我这样做，我就可以得到奖赏，妈妈（爸爸）会更加喜欢我。"当他第二次或更多次碰到这样的事情时，就会知道应该如何才能做得更好，从而发生"行为迁移"，时间久了，孩子会不自觉地形成良好的行为习惯。与此同时，孩子的自我约束力也在不断增强。

父母给予孩子适度的夸奖、赞美，有利于增强孩子对家长的信任感。对于孩子的成功，父母能够及时给予肯定与赞美，家庭将更和睦，有助于父母与孩子之间建立亲密无间的关系，从而让孩子产生信任感。这主要是因为，从一定意义上来说，父母对孩子的夸奖、赞美，更能说明父母对孩子的爱护与尊重。

总而言之，孩子需要父母的赞美。对于孩子来说，赞美是父母给予他们的最好礼物。

孩子渴望父母的赞扬，需要父母的鼓励，希望父母的肯定。父母要善于发现并放大孩子的优点，用正面的、肯定的言行对孩子进行赞美，才能引导孩子成为一个出类拔萃的人。

孩子有了进步，或者做了一件很小的好事，或者坏习惯有了改善等，此时他们都会希望父母给予关注，需要父母为他们喝彩。父母及时恰当的喝彩，可以让孩子幼小的心灵体会到进步的喜悦，会增加孩子的动力，提高孩子的积极性。

孩子的成长是一个漫长的过程，要一步一步地不断实现，而不是一蹴而就，因此，对于孩子的每一点进步，做父母的都应格外敏感并及时地给予鼓励。

有一句教育名言这样说：要让每个孩子都抬起头来走路。"抬起头来"意味着对自己、对未来、对所要做的事情充满信心。任何一个人，当他昂首挺胸、大步前进的时候，在他的心里有诸多的潜台词——"我能行！""我不比别人差！""我的目标一定能达到！""我是最棒的！""小小的挫折对我来说不算什么"……假如每一个小学生、中学生，都有这样的心态，肯定能不断进步，成为德智体全面发展的好学生。因此，激发孩子的自信，让孩子挺起自信的胸膛，是父母应该重视的问题。

自信心是每个人做事成功的动力和源泉。父母要时时以赞赏的眼光看孩子，让孩子扬起自信的风帆，迎接成功的喜悦。一个孩子自信心的培养，会对他的一生产生举足轻重的影响。

每个父母都望子成龙，都希望孩子出类拔萃，所以希望孩子身上的缺点越少越好，不免急着督促孩子早点改正缺点。但是，孩子都希望得到父母的赏识，不愿意听到父母的批评。受到赏识的孩子会更加自信、积极，以后会做得更好；受到批评的孩子会产生自卑的心理，还会产生与父母对立的情绪，产生破罐子破摔的后果。

其实，孩子将来的成功，取决于很多因素，不只是成绩一个方面，与孩子各方面的能力、素质、品质等都有关。孩子的优点，只要父母细心观察，就会随时有所发现，哪怕是在孩子的缺点中，也能找到优点的藏身之处。

父母要善于发现孩子的优点，并且把这些优点放大去看。不管是从孩子的缺点中提取的优点，还是孩子的丁点进步，都要及时提出来进行表扬，以此增加孩子的兴趣与自信。父母应鼓励孩子把优点发挥下去，引导孩子把缺点变成优点，激励孩子挖掘出自身的潜力，帮助孩子打下走向成功的基础。

生活中很多父母都有过这样的体会：对孩子来说，往往是表扬越多，优点越多；训斥越多，毛病越多。赞美是父母送给孩子的最好礼物，父母越是能够发现和放大孩子的优点，孩子就会具有更多的优点，说不定还会有出人意料的表现。

④ 为了理想而努力拼搏

"如果你有理想的话，就要努力去实现它。"——这是美国电影《当幸福来敲门》中克里斯对儿子说的话，这句话深深地印刻在我的脑海中。

克里斯在穷困潦倒的时候没有放弃抚养权，选择带着孩子一起面对，而孩子在和爸爸共同面对困境的时候能够感受的仍然是满满的爱，感受到爸爸的勤奋，并亲眼见证了爸爸通过努力从社会最底层爬起来过上好日子的全过程。难道这样的教育对孩子的成长是那种简单拥有物质丰富，每天仅忙于学习条条框框所谓的知识和技能可以比拟的吗？精神的富足和心理的强大以及骨子里的自信才是最大的财富。

正如空气对于生命一样，理想对于成功者也有绝对的必要。

如果没有理想，没有人能够成功。有理想的人生活更有激情，行动起来更有力量，成功的希望也更大。

俗话说，"志不立，无以成事"。凡是有成就的人都必有志向，那些成功人士大多是从小就立下了远大的人生目标，然后沿着这条人生轨迹，不断地钻研进取，最终凭借自己的勇气和毅力到达人生的彼岸。

由此可见，帮助孩子确立人生的方向与目标是家长不容忽视的重大责任。在社会日益强劲的竞争中，孩子越早立志，志向越大，将来成才的可能就越大。

作为孩子的父母，从孩子一出生就希望孩子能有所成就，但是，在现实生活中，有些家长却忽略了许多重要的东西，盲目地让孩子学这学那，从来没有稳定和长远的人生规划，致使有些孩子丢了西瓜拣芝麻，到头来什么都没学好，不仅耽误了年少光阴，更耽误了今后的发展。让孩子从小立志并引导孩子树立崇高的人生目标，是为了开阔孩子的胸襟、气概，使孩子能够严格要求自己，让孩子在追求中不断地去奋斗，去成就一番事业。只有这样，孩子才会得到真正的幸福和快乐，才会有一步步向目标靠近的喜悦。

既然立志对于孩子来说如此之重要，那么什么是立志呢？是不是父母让做什么就做什么呢？当然不是。孩子的志向一定要自己抉择，需要孩子根据一定的世界观、实现的可能性和自我的要求而确定生活目标。孩子立志的过程是他自己根据对现实世界和自我认识来谋划生活的道路，依据自己的理想立志，是理性认识和自愿选择相结合的结果。

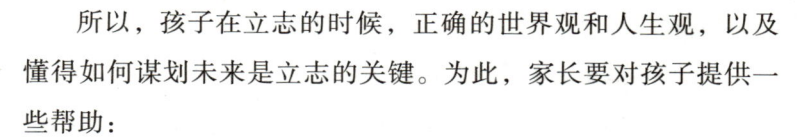

所以，孩子在立志的时候，正确的世界观和人生观，以及懂得如何谋划未来是立志的关键。为此，家长要对孩子提供一些帮助：

1. 帮助孩子客观地选择目标

在选择人生目标的道路上，家长首先要做的就是从小观察孩子，帮助孩子尽早完成对自我的认识，引导孩子树立正确的世界观和人生观，并帮助他们树立人生的目标。

由于孩子小，认知能力有限，家长在帮助孩子选择目标、树立志向的时候，一定要善于观察孩子的兴趣爱好，观察他们的潜能，帮助孩子认清自己的优势和薄弱环节，客观地分析孩子能力，不能全凭孩子的一时兴趣而决定。孩子立什么样的志向，家长不要替孩子抉择，要从孩子的实际出发，不能刻意强求。

2. 让孩子知道人生目标的重要性

在树立人生目标的时候，一定要让孩子知道立志的重要性，不能随随便便仅凭自己的兴趣出发。要让孩子知道人生的道路虽然有千百条，但每一条路都只有一个既定目标，一个人不能同时朝两个方向前进，路只能一条一条地走，目标也只能一个一个地实现。如果什么都想要，什么都想去尝试，最终很可能什么都得不到。

在向孩子阐述人生目标的重要性时，家长可以利用一些小故事，对孩子进行鞭策。通过故事告诫自己的孩子，许多人其实并不缺少信心、智慧和才能，只是没有确立和选择正确的目标，所以没有取得成功。告诉孩子，在人生道路上，只有先找准自己的坐标，路才会在自己的脚下延伸，智慧才可以得以发挥，生命才可以焕发光彩。

3. 鼓励孩子朝着目标坚定地走下去

只要家长用心观察孩子身上的特点，都能找出他的兴趣所在。对于那些对于自己的兴趣爱好飘浮不定的孩子，要使孩子的志向变得长久，家长就要时常检查、督促提醒。

人生的道路布满荆棘和坎坷，我们必须要选定一个目标，坚持地走下去。为了能让孩子坚定地朝着自己的目标前进，家长可以在孩子遇到困难时鼓励他们，用古今中外圣贤的奋斗事迹和感人历程激励孩子，并启发他们无尽的潜能。一旦选择就要要求孩子持之以恒地朝着既定目标走下去。

此外，家长还要随时关注和把握孩子的心理变化，不要因为孩子一时没有兑现所立下的志向而恼火。家长要时刻鼓励孩子，抓住孩子立志过程中的每一个环节，抓住每一次契机，努力帮助孩子完成他们的志向和心愿，让孩子朝着自己的目标努力前行。

⑤ 让孩子始终保持乐观的情绪

无论什么时候，无论在多么困难的状态和环境下，你都应该保持一种积极乐观的心态，这才是明智的选择。有很多的东西是我们无法改变的，比如，我们的出身、所在的环境、所处的时代，这些都是我们无法改变的。但有些东西却是我们可以改变的，那就是我们的心情和心态。

把握你的心态，无论是挫败，还是逆境，只要让我们的心中存有一丝欢乐的亮光，我们很快就会发现自己所经受的一切都微不足道。这一点我是有切身感受的，绝对不是一句口号。

乐观的人总是能从平凡的事物中发现美，天是蓝的，云是白的，花那么香，阳光那么灿烂……生活中还有许许多多欢乐的事物需要你用心去体会、去观察。当一个人感兴趣的事情越来越多，那么他快乐的机会也会多起来，而受命运摆布的可能性便会越少。

所谓"乐观"，就是"看到事情比较有利的一面，期待最有利的结果"。儿童心理学家马丁·塞利格曼认为，乐观不但是迷人的性格特征，还有更神奇的功能，它能使人对生活中的许多困难产生心理免疫力。乐观的孩子不易患忧郁症，他们也更容易成功，身体也比悲观的孩子更健康。

对于父母而言，让孩子始终保持乐观的情绪其理由是显而易见的。一般而言，对那些能够满足孩子需要的事物或对象，他会自然而然地产生一种满意、高兴、喜悦、爱慕的积极情绪体验；反之，孩子就会产生痛苦、忧愁、厌恶、恐惧、憎恨的消极情绪体验。积极的情绪体验能够激发人体的潜能，使其保持旺盛的体力和精力，维护心理健康；消极的情绪体验只能使人意志消沉，有害身心健康。学会保持乐观、开朗的情绪，对孩子来说是十分重要的，也是非常必要的。

美国有一对兄弟，一个特别乐观，一个却非常悲观。

他们的父母希望兄弟俩的性格都能改变一些。于是，有一天，他们把那个乐观的孩子锁进了一间堆满马粪的屋子里，把悲观的孩子锁进了一间放满漂亮玩具的屋子里。

一个小时后，他们的父母走进悲观孩子的屋子时，发现他坐在一个角落，一把鼻涕一把眼泪地在哭泣。原来，他不小心弄坏了玩具，怕父母会责骂自己。

当父母走进乐观孩子的屋子时，却发现孩子正在兴奋地用一把小铲子挖马粪，把散乱的马粪铲得干干净净。看到父母来了，乐观的孩子高兴地叫道："爸爸，这里有这么多马粪，附近肯定会有一匹漂亮的小马，我要给它清理出一块干净的地方来！"

这个乐观的孩子就是后来的美国总统里根。他从报童到好莱坞明星，再到州长，直至当上了美国总统。这中间，乐观的性格起到了很大的作用。

在同一种环境中，有人觉得自己很不幸、很失败，而有些人则感觉很幸运、很幸福，孩子也一样，在同样的学校上学，有些孩子觉得学校不好，或者是老师不好，而有些孩子很高兴能够在这里学习，还能够结交很多朋友。幸与不幸，都是每个孩子自己的看法，客观的因素并不重要，但值得肯定的是，保持乐观态度的孩子，感到生活幸福的比例会比较高，那些因感到不幸而终日抱怨的孩子，往往也是人生的失败者。

作为父母，要明白感染的作用，这里说的感染的作用是从心理上感染，而并非医学上说的疾病感染，是指人与人之间在情感方面的相互影响。父母在生活中保持积极乐观的心态，对子女的认识、情感和行为会产生巨大的影响，这种影响对子女人生态度的形成起到了至关重要的作用。

哈佛大学曾对一些悲观的学生做过调查，其中大约86%的悲观者，都是受其父母的影响而形成悲观性格的。由此看来，孩子能否从小就建立积极乐观的心态，能否养成积极乐观的习惯，都需要父母用自身积极乐观的态度去感染孩子。此外，在对孩子进行教育的过程中，父母要尽量多采用鼓励、赞赏的方法，跟孩子一起体验成功的感受，这对确立孩子的自信心、养成积极乐观的习惯是非常重要的。如果一个孩子不管如何努力都总是失败，就会产生一种习惯性的无助感，总觉得自己不行，他的人生态度就会变得悲观。

美国儿童心理学家经过多年的研究发现，注重培养孩子积极乐观的性格，有利于孩子健康成长。那么，具体到生活中，父母应该如何培养孩子积极乐观的习惯呢？以下从几个方面给父母一些参考。

1. 调理好孩子的心态。孩子也会有高兴和不高兴的时候，孩子高兴的时候，父母要跟孩子一起分享快乐，而当孩子不高兴的时候，父母应该多跟孩子沟通，给予他们正确的心理辅导，从而帮助他们走出痛苦。只有心里充满阳光的孩子才是乐观的孩子。

2. 跟孩子做个好朋友。父母在孩子面前，应该像个大朋友一样，只有这样，父母才能更好地跟孩子沟通，时时培养孩子积极乐观的心态，孩子才会跟其他孩子和睦相处。

3. 消除孩子心中的"贪念"。很多孩子都有强烈的占有欲，例如，很多孩子看到玩具后，就只顾自己玩，不许其他人过来玩；还有一些孩子，看见好吃的、好玩的就让父母买，买到了就高兴，买不到就非常伤心。这一切会让孩子认为幸福就是得到喜欢的玩具，使他形成错误的价值观。所以，要适时提醒孩子：不要过分要求父母用金钱来满足自己的物质欲。

4. 培养孩子养成积极乐观的习惯，就要在孩子遇到困难的时候，跟孩子站在一起，体会孩子的难处，给孩子信心和鼓励，用自己积极乐观的心态感化孩子，让孩子也在积极乐观的心态中战胜困难。

5．培养孩子广泛的兴趣。父母要多培养孩子的兴趣和爱好，并给孩子正确的引导，让孩子在兴趣和爱好中养成积极乐观的心态。

6．给孩子创造一个幸福美满的家庭。孩子的心态，多半来自家庭环境的影响，幸福美满的家庭生活，也是培养孩子积极乐观习惯的一个主要因素，在幸福的家庭中成长起来的孩子，成年后要比在不幸家庭成长起来的孩子更能获得幸福的生活。

⑥ 自信的孩子有力量

当我们坚持做某一件事情的时候，就无疑给自己的潜意识下了一道不容置疑的命令。有什么样的信念，就有什么样的力量。一切思考、感受、决定、行动，都受控于某种力量，它就是我们的信念。坚持自己的信念，就是无论何时何地何种情况下，都不能改变做事的原则，不能改变我们前进的目标。信念是任何人都可以免费获得的，相信自己，相信能让人创造奇迹。一个人拿到一副坏牌，一定要从心底树立一个坚定的必胜的信念。树立信念，我们就有希望扭转局势。

在逆境中成长，遭遇挫折与苦难，万不可怨天尤人不断抱怨，应该迎难而上，坚持努力，一点一点积累，最终就一定能够获得成功。因为困难和挫折是上帝精心包装后送给我们的礼物！

拉塞尔·康维尔曾经在演讲中这样说道：信心是生命和力量，信心是奇迹。

如果我们展示给人的是一种自信、勇敢和无所畏惧的形象，如果我们具有那种震慑人心的自信，那么，我们的事业就可能获得巨大的成功。如果我们养成了一种必胜的习惯，那么在别人看来，我们就更有可能赢得未来，更有可能成为一代富有者。换句话说，自信和他信几乎同等重要，而要使他人相信我们，我们自身首先必须展现自信和必胜的精神。

有一句教育名言这样说：要让每个孩子都抬起头来走路。"抬起头来"意味着对自己、对未来、对所要做的事情充满信心。任何一个人，当他昂首挺胸、大步前进的时候，在他的心里有诸多的潜台词——"我能行！""我不比别人差！""我的目标一定能达到！""我是最棒的！""小小的挫折对我来说不算什么"……假如每一个孩子都有这样的心态，肯定能不断进步。因此，激发孩子的自信，让孩子挺起自信的胸膛，是父母应该重视的问题。

自信心是每个人做事成功的动力和源泉。父母要时时以赞赏的眼光看孩子，让孩子扬起自信的风帆，迎接成功的喜悦。一个孩子自信心的培养，会对他的一生产生举足轻重的影响。说实话，并不是每个孩子都会成为科学家，学生时代成绩很棒的人也并不一定就会有所建树。但是，孩子如果从很小的时候就充满自信，这对他的人生一定会有积极的意义。

歌德曾经说过"人类最大的灾难就是瞧不起自己"，哀莫大于心死，父母对孩子的失望意味着教育的停止，而孩子对自己的失望更意味着进步的停止。自信心是孩子学习、生活成功的精神支柱，然而孩子的自信心不是天生的，而是在后天的生活实践与学习中培养起来的。

1. 尊重孩子，帮助孩子建立良好的自我形象

自我形象就是自己对自己的看法与评估。孩子由于年幼，对自己的看法与评价一般先来自于成人对他的看法和评价。孩子自信心的形成与他们的父母有密切的关系，因此，父母需要尊重孩子，帮助孩子建立良好的自我形象。在日常生活中，父母要把孩子当成与自己平等的人，有意识地让孩子参与一些家庭的事务，与孩子讨论一些家庭中的事情，让孩子感觉到自己的能力和父母对自己的信任。尊重孩子，就不能对孩子说有辱人格、有伤自尊的语言。父母千万不要经常对孩子说："你真没出息！""小孩子懂什么！""大人的事，小孩子知道什么？"这样，孩子就会觉得自己无法获得父母的信任，从而无法获得自信。尊重孩子尤其不能随意辱骂、惩罚和殴打孩子，辱骂、惩罚和殴打是最伤害孩子自尊心的。请父母记住，千万不要为了自己的尊严，伤害孩子的自尊。

2. 告诉孩子"你能行"

缺乏自信的孩子由于长期处于这种状态，已经在心里建立了消极的自我预言，即"我是没用的""我很没信心"等，这种心理让孩子越来越不敢尝试新的事物，越来越没有信心。因此，父母在平时的生活中可以有意识地忽视孩子缺乏自信的表现，而在孩子表现出自信的时候及时给予积极的表扬和鼓励，让孩子淡化"我无能"的心理，树立起"我也行"的心理。当然，父母对孩子的鼓励和赞扬要真诚，千万不要故意夸大其词，或者言不

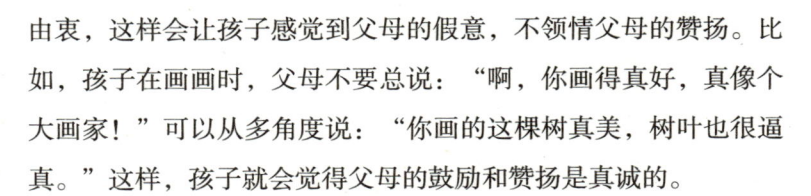

由衷，这样会让孩子感觉到父母的假意，不领情父母的赞扬。比如，孩子在画画时，父母不要总说："啊，你画得真好，真像个大画家！"可以从多角度说："你画的这棵树真美，树叶也很逼真。"这样，孩子就会觉得父母的鼓励和赞扬是真诚的。

3. 培养孩子的特殊才能

特殊的才能可以增强孩子的自信。父母可以根据孩子的兴趣和爱好来培养孩子的一些特长，让孩子通过发挥特长树立起信心。比如，有些孩子虽然缺乏自信，但是却能写一手好字，父母就可以让孩子学习书法，钢笔字、毛笔字都行，只要孩子有兴趣去学，肯定会做得很好，父母则可以抓住机会夸奖孩子，让孩子明白自己也是有能力的，从而培养起孩子的自信心。当然，父母也可以通过展示孩子的特长，让其他人来认可孩子的能力，这样更能提高孩子的信心。父母应该让孩子明白，每个人都有自己的特长，虽然自己在某些方面不如别人，但是完全可能在某些方面超过别人。这时，父母还可以教孩子运用积极的自我暗示法进行自我激励，如"我一定能行的。""我书法能学好，其他的肯定也能学好！""我真是一个写作文高手呀！"这些积极的自我暗示可以让孩子从对某件事的良好感觉中扩散出去，从而形成良好的自我感觉。

4. 随时巩固孩子的自信

巩固孩子的信心是一个不间断的过程，当父母看到孩子因不断成功而树立起信心时，千万不能以为大功告成，更要不断鼓励孩子，巩固其自信心。孩子只有在不断的鼓励中，通过自己不断的努力来树立起自信。

为未来而育

⑦ 不怕挫折，敢于面对困难

　　家人和朋友总说："你整天这么忙，都忙什么呢？都这个岁数了还折腾个啥？值得吗？"

　　我想说："我这个年龄折腾怎么了？我每天都在挑战自己一直想做的事，我把自己的经历和感悟以及对教育的探索写出来，通过短视频的方式分享给大家。我想通过自己的创造去体现生命更多的价值，因为我有一定的生活阅历和经历，不管好与坏，都是我真实的感受。50多岁怎么了，50多岁依然可以追梦，在梦想面前永远不晚。不要被年龄限制，更不要被别人的声音左右而怀疑自己，我们要好好地活着，要让生命去绽放，要活成一束光，去温暖自己，也去温暖别人。"

　　当下，"折腾"一词已经成了人们常常挂在嘴边的口头禅，特别是那些生活在快节奏之下的都市人，折腾仿佛就是他们的生存状态。

"折腾"在现代汉语词典中的解释是"翻过来倒过去"。折腾可以分很多种，有瞎折腾，有穷折腾；有人折腾出了事业，有人折腾出了成就。人们对待折腾的心态往往决定其结果千差万别，有的人折腾了一辈子，抱怨了一辈子，终究一事无成，但有的人积极正确地看待"折腾"，在"折腾"中发现了生活的意义、工作的意义。也许一个人拼命忙碌于自己的那点追求中时，很多人并不会理解。或许他们会觉得这就是在"作秀"。但是，亘古至今，哪个成功的人不是折腾出来的？

的确，人的一生就如同一出"折腾戏"，充满了跌宕起伏，有痛苦也有欢笑，有鲜花也有泪水。然而，就好比彩虹，正是因为有了赤橙黄绿青蓝紫等五彩缤纷的颜色，才异常美丽。我们的人生也正是因为在酸甜苦辣咸的滋味中折腾前行，才显得格外有意义！老鹰是世界上最长寿的鸟类，可以活到70岁，但是到四十岁时，它的爪子开始老化，无法有力地抓住猎物；喙变得又长又弯，几乎碰到胸膛；翅膀变得沉重，羽毛又浓又厚。为了更新，它必须飞到悬崖峭壁上用喙击打岩石，直到老喙脱落，长出新喙。然后用新喙把老羽毛一根一根拔掉。150天后老鹰获得新生。这是个相当痛苦的过程，但确实能获得新生。世界上的事不可能尽如己意。失败和挫折是难免的，如果遇到意外事件就悲观，这是懦夫的表现。真正的成功者，真正的强者不会整天忧心忡忡，他们会顽强地冲破前进路上的障碍阻力，他们也能心平气和地做自己应该做的事情。

我们生活在一个竞争性很强的世界，孩子们很快就能发现这一点，无论在托儿所或在小公园的沙滩上，孩子处处都能感觉到竞争的存在。在一个竞争性很强的世界中生存的人，不断地体验到的两件事是：成功和失败。要让孩子知道，失败是生活中不可避免的，采取逃避的态度来面对自己的失败，那就永远与成功失去了缘分。

失败仅仅是一个过程，是一个从学习到最终成功的过程。我们应当教育我们的孩子有勇气面对不完美的结果，敢于犯错误，并且从错误中学习经验和教训，而不因犯了错误而使自信心受到损伤，甚至受到摧毁。

许多经验告诉我们，只要从小培养孩子勇敢、坚强、自信的心理，采用理解、信任、鼓励、谈心的方式帮助他们，那么，他们就能够敢于面对挫折和失败，不会掩盖自己对失败的恐惧感。

人生中痛苦和挫折是不可避免的。不管有多么痛苦，父母都要帮助孩子正视现实。当父母向孩子解释事实，教孩子处理问题时，孩子就会渐渐地发现父母有能力来面对和应对那些哪怕是最困难的处境，这时，孩子会觉得："我也能做到。"

人生不如意的事有很多，甚至要遭受苦难和不幸。对生命热爱的人，会把苦难看作是一种磨炼，在与苦难抗争的同时，人性的光彩愈加鲜明。面对困难始终保持一种平和的心态，会让孩子热爱生活，热爱生命，而坚定的信念则会让孩子战胜一切困难。

每个人都有感到生活艰苦难耐的时候，但要咬紧牙关坚持下去，善于在困境中对自己说："一切都会好起来的！我能应付过去！一切都会过去。"

在生活中，困难和挫折是不可避免的，有些孩子由于做不成他们喜欢做的事而灰心丧气、沮丧气馁，在挫折面前产生了畏惧心理，丧失了克服困难的信心。身为父母该如何培养孩子勇于面对困难呢？

1. 为孩子树立不屈不挠、勇敢顽强的榜样

家长不要在困难面前退缩，至少在孩子面前要注意。对孩子多讲一些名人不怕困难、不怕失败，最终做出重大贡献的故事。以家长和名人为榜样，对孩子最有效果。

2. 调整心态，坚定信念

不要让孩子做他无能为力的事情，经常让孩子获得成功的体验，这样有助于孩子树立自信心。让孩子明白每个人都会遇到困难，而困难是可以解决的，并可以利用一些孩子能自己克服的困难来历练他，以培养平和乐观的心态。

3. 适时、适当的鼓励

在孩子遇到挫折时，要鼓励孩子树立信心，不要灰心丧气，勇敢面对困难。当孩子通过自己的努力，尝到成功的喜悦后，就要真诚地去表扬，这样孩子克服困难的信心就会增加。

4. 让孩子知道求人不如求己

不要过分保护和溺爱孩子，不要在孩子遇到一点小困难时就给他帮助，而是应该鼓励他自己想办法解决。可以和孩子一起找出困难到底难在哪里，以便找出化解困难的办法。

世上没有一条笔直、平坦的路，只有在挫折中不断进取，才能摘取成功的桂冠。能够以平和心态面对并战胜困难，是生活的强者；然而能够以乐观的心态面对困难，并将它转化为生活中的

硕果,才是生活的智者。

  明智的父母不会为孩子扫平一切障碍,而是帮助孩子,让他自己去克服困难、历练成长,并将困难变为生命中的光环,让孩子不仅成为生活的强者,更成为生活的智者。

第3章

Chapter 3

除了学习成绩，未来更需要综合能力

当今社会，一张文凭已经不能作为一个人未来的职业保障。相反，个人综合能力才是确保你不被社会淘汰的关键。要想让孩子在未来具有竞争力，我们需要注重培养他们的综合能力。这些能力包括自主能力、交往能力和爱的能力等。

① 成长比成绩更重要

孩子的童年本来应该是简单快乐的，但是在现实生活中，家长及老师给孩子施加了很大的学习压力，似乎学习的唯一目标就是考满分。殊不知这样"庸俗"的目标并不能产生良好的内在动力，反而会使孩子形成畸形的学习动机，变得目光短浅，急功近利，时间一长，很有可能导致孩子厌学。

在日常教育工作中，我接触过太多中小班的时候还非常佛系的家长，到了大班就绷不住了，看到其他家长纷纷把孩子送到各种补习班提前学习小学课程，就开始焦虑，担心孩子输在起跑线上。每当孩子将成绩单拿回家后，家长最关心的问题往往是班上的最高分是多少，一旦得知自己的孩子考的不是最高分，就觉得不满足。有的家长甚至当着孩子的面说："你看人家×××每次都拿100分,你怎么不向人家好好学习呢?"其实这样一来,等于打击了孩子的自信心,伤害了孩子的自尊心,反而不利于孩子成绩的提高以及身心的成长。

分数只是一个考评手段,而考评的目标不是为了评价谁是考试高手,而是推理能力、举一反三的能力、记忆力、分析能力、专注力、理解能力等各项能力的评测,这些能力提高了,学习力自然就高。

那么值得思考的是暂时的学习成绩领先重要还是花时间先培养学习能力更重要?如何真正地提高学习能力,通过学习能力的提升让今后的学习更加轻松,才是家长应该重视的。

陶行知先生认为,好的教育一定是以生活为中心的,以健康为中心的,一定是让孩子"到大社会里、大自然界里去活动"的。

亲爱的家长们,陶行知的话语犹在耳侧。把考试成绩看淡一些吧,把健康还给孩子,让孩子去汲取那些真正滋养心灵、润泽生命的养分吧!

有一本书,叫作《园丁与木匠》(*The Gardener and the Carpenter*)。书中说,作为一个教育者,我们可能有两种不同的思维方式,一种叫园丁,一种叫木匠。园丁,就是看到孩子他自身的优势、兴趣爱好和生长的环境,努力为他营造一个有利于成长的一个氛围,不只是让孩子具有某一方面的知识和技能,而是给孩子展现一种生活的方式、人生的活法。为人父母不是工作,不是木匠做桌子,重要的不是技巧;为人父母,是园丁种花,其本质是爱。这种爱的目的,是给予他们成长所需要的安全、温暖、自由的环境,使孩子成长为一个独一无二的自己。

如何以孩子自身的生命成长为本,去给予他更加积极的、有利的成长环境,这些问题是家长和老师要不断思考的。

❷ 给孩子更多自主选择的机会

很多家长常常会以大人的权威命令孩子要这样做,不能那样做。其实,让孩子有机会作出选择,他会觉得自己的意见被尊重,往往能收到更好的效果。

我的孩子对自己目前的工作状态特别满意,因为这是他自己的选择,他从事了自己最喜欢的行业——游戏开发。关于玩游戏这个事情,我在初期和很多家长们一样,怀着严重的排斥心理,我的孩子从小就是一个非常安静内向的孩子,很少主动与人交流,平时话很少。对于我来说,他的性格内向就是我的焦虑,我希望他是一个更加健谈开朗的孩子。但我发现当他谈到游戏攻击力或者游戏道具人物的时候,他的状态就会完全爆发,不仅喜形于色，说起话来行云流水，侃侃而谈，完全进入了心流的状态，再后来他对游戏的研究进入到更深的层次，比如某游戏的设计师乃至公司的背景、游戏创作背景、道具设计的灵感、玩家的心理特点、怎样的元素会造成玩家上瘾等更专业的领域。包括游戏行业的过去、现在和将来的发展前景，他都分析得头头是道。记得他说了一句话："妈妈，如果人们把时间消耗在看书或者看电影上面大家还会有那么强的排斥反应吗？"现代社会，游戏不仅仅是休闲娱乐的方式，更是人们的社交软件和学习平台，游戏里有历史有文化，有故事有情节，有推理有反思，甚至游戏里会让人们自己设计玩家参与创作，自我实现。我的孩子没有从小树立那种成为伟大的科学家、做一个救死扶伤的医生、做一名维持社会公道的律师等这样远大的理想，但他选择了自己喜欢的行业，并扎下根刻苦钻研，他的目标就是组建自己的团队，设计出经典游戏。如果说一位作家或一位导演是令人尊重的，那么一个经典游戏的设计师会不会也被人接受？对于孩子目前的工作状态，我是替他开心的。我们小时候幻想中的未来已经到来了，并且远远超过了我们的想象。我总结了一下我认为做得对的几件事情：一、我充分尊重了孩子的选择，让他有动力和自驱力；二、告诉孩子要自己承担结果；三、从小自由成长，大脑得到自由发散成长空间，让孩子的理解和接受能力提升；四、从小让孩子在图书馆浸泡，大量的阅读拓宽了眼界。

我相信游戏开发不是他的终点，当他在这里得到了自我实现，获得充裕的经济价值和自我认同，自己的生存羽翼更加丰满之后，才能有能量支持他成为为社会输出更多价值的人。

孩子是一个独立的个体。给孩子多一点自主选择的机会，多让他们自己做决定，多自己思考，这样一来，孩子的内心会逐渐地完善，孩子的各个方面也会变得更加完美。

当我们打着爱的旗号限制孩子，强迫孩子接纳自己的好心时，就是对孩子选择权的无情剥夺。

父母可以对孩子的人生提建议，但是最终的选择权应该还给孩子，因为那句"为了你好"，未必是真的好。

青春期人格训练专家范津曾在《家庭教育·化解危机》中写道："给孩子选择的权利和自由，就意味着让孩子承担责任和后果以及义务。"

父母替孩子选择，孩子往往会理所当然地认为，既然这是父母的决定，出了问题就应该由父母负责。

从小没有选择权的孩子，他们不曾尝试去权衡利弊，总是安逸地待在父母筑造的避风港中。

当有一天不得不面对现实的生活时，他们也早已没有了抵御未知风险的能力和承担后果的勇气。

孩子的社会知识和生活经验不足，在自主选择时，出现偏差是难免的，但是，并不能因此就不让他们选择。选择和责任是一对孪生姐妹，人的责任感是在自我选择中形成的，一个人没有选择的权利，只有被选择权，也就不会承担什么责任。因此，多给孩子一些自主选择的权利，让孩子对自己的事做主，对培养孩子的责任心很重要。同时，在选择过程中，又能培养孩子克服困难、战胜困难的顽强意志，形成遇事冷静、有主见的良好心理素质。

孩子终归要走出父母的视线，开拓比父辈更广阔的发展空间。如果孩子自小没有选择的权利，没有体验选择的滋味，今后又怎么能选择适合自己的发展道路，迎接各方面的挑战和竞争呢？

致力于让女童获得受教育权利的17岁巴基斯坦女孩马拉拉在争议中成了2014年诺贝尔和平奖得主，也是史上最年轻的诺贝尔奖得主。马拉拉的父亲——巴基斯坦教育家齐亚乌·优素福接受采访时说："人们问我是怎样把马拉拉培养得这般勇敢？不要问我做了什么，问我没做什么——我没有折断她的翅膀。"

让孩子学会选择，就是让他拥有自由飞翔的翅膀，每位家长都应该为孩子插上这样一双翅膀。

③ 让孩子相信爱的力量

爱,是一种强烈的、积极的情感状态和心理状态。它代表着对人或事物深切真挚的感情,是一种对人、事、物十分深刻的喜爱。这种感情起源于人和人之间的亲密关系或者人和事物之间的联结,也可以起源于钦佩、慈悲或者共同的利益。一般来说,爱会带来温暖的吸引、强烈的热情以及无私的付出。

爱一般存在于人际关系之中,可以显现家庭成员之间、朋友之间或者伴侣之间。人们在一段美好的关系中更容易体会到爱,美好的爱能够使个体收获幸福和成长。

爸爸年轻的时候被查出肝硬化腹水,医生说活不过三年。爸爸得知自己的病情后,他和妈妈都不忍心留下对方一个人,两人积极地寻找偏方治病，一直健康地活到现在，我们也不知道到底是哪个偏方起作用了。也许这就是爱的力量。妈妈告诉我，到现在我爸爸还每天告诉妈妈，他是何其幸福，每天他们俩都是牵着手上街，每天吃饭的时候都夸饭菜好吃。爸爸就是这样用感恩的心态面对每一天。妈妈和爸爸用一生诠释爱的力量。

爱，无疑诠释着人间最温暖、最美丽、最感人的情感。爱的力量是无穷的，爱可以使最贫瘠的土地绿意盎然；爱可以使双目失明的人见到光明；爱可以使冰天雪地的冬天充满温暖；爱能让最无助的人看到希望。

爱是教养孩子的基础，我们要从小对孩子进行爱的教育。首先就是要让孩子感受到我们的爱，让孩子相信爱的力量。

父母的爱是无私的，但并不是每一个子女都能感受得到。有的父母"望子成龙、成凤"心切，就采取一种很严格的方法对待孩子。孩子处于负面阴影之下。这样的结果，常常会引起亲子关系的紧张及破裂。

事实证明，我们的家庭教育存在一些误区：在爱孩子的问题上，许多父母多是出于本能的爱，却不重视爱的表达方式，不会施爱，因而使孩子体会感悟不到父母的爱。所以，父母应该学会把爱以适当的方式传递给孩子，这样一来，孩子才会从内心深处真正感受到父母的爱。

再浓烈的爱，如果孩子感受不到，是没有任何意义的。爱就像阳光，无论父母心里的爱多么强多么大，如果孩子感觉不到，他就会觉得冷，就会处在阴暗中，就会不太健康，就会出状况。

父母对孩子的爱，一定要让孩子感受到。很多研究表明：能感受到爱的孩子，有更好的社交能力，工作学习起来也更有热情。所以父母要有意识地表达对孩子的爱，让孩子沐浴在爱的阳光中。只有让孩子感受到父母的爱，孩子才会体验到在爱的怀抱中，才会感觉到幸福与安全，才会对父母心生感激。

总之，父母千万不要把对孩子的爱埋在心中，而是要用合适的方法表达出来，让孩子能够接收到父母爱的信号，这样孩子与父母的关系才会由僵持走到缓解、由一般走向融洽，教育孩子的一切问题都会在这良好的关系中得到有效的解决。

1. 对孩子说出"我爱你"

中国人的感情比较含蓄，不习惯于轻易表达，特别是"我爱你"这三个字，以至于尽管父母们爱孩子爱得很深切，但是孩子却感受不到。

爱要大声说出来，父母常常只做不说，长此以往，孩子不但不理解，有的还会产生"爸爸妈妈对我太严格了，根本不爱我"这样的想法。一句"我爱你"是一种向孩子传递爱的有效方式，会让孩子感受到父母的爱和依赖。只要当你心中有所感，便要说出来让他知道，同时，父母也要教导孩子适时地表达自己的感受。

2. 用拥抱表达对孩子的爱

孩子天性就需要被关爱，需要父母的爱抚和拥抱，无论男孩或女孩都是如此。让他感觉到你爱他、他的重要性，对于培养他的自尊、自爱、自信是相当重要的。

孩子的情感表达方式最简单，也最直接，对他来说，最好的表达爱他的方式就是拥抱他。

拥抱孩子，亲子之间身体的相互接触，是传达爱意和亲情的最好沟通方式。父母可以通过这样的亲昵来表达自己的爱。这种爱的表达方式让孩子在关爱的浸润中成长，造就了孩子健全的心理，良好的道德品质，为孩子的发展奠定了必要的基础。

3. 送给孩子爱的礼物

赠送礼物是表达爱的有力方式。在赠送礼物的时候，效果常常会延续到好几年以后。最有意义的礼物会变成爱的象征，而那些真正传达爱的礼物，则是爱之语的一部分。赠送孩子的礼物，最终都会成为展示父母爱的东西。

❹ 有孝心的孩子会共情

在曾经的岁月里，多少个风雨交加的夜晚，多少个光辉灿烂的黎明，多少次艰难曲折的拼搏，多少次喜获成功的欣慰，我们怎能忘记给予我们生命的爸爸、妈妈，怎能忘记他们的养育之恩、关爱之情！

谁言寸草心，报得三春晖。

在人的一生中，父母的关心和爱护是最真挚最无私的，父母的养育之恩是永远也诉说不完的：吮着母亲的乳汁离开襁褓；揪着父母的心迈开人生的第一步；在甜甜的儿歌声中入睡，在无微不至的关怀中成长；灾灾病病使父母熬过多少个不眠之夜；读书升学费去父母多少心血；立业成家铺垫着父母多少艰辛。可以说，父母为养育自己的儿女付出了毕生的心血。这种恩情比天高，比地厚，是人世间最伟大的力量。

父母对子女的养育，不管是穷人或者是富人，都是尽心尽力的，都是"舐犊情深"。子女从呱呱坠地起，父母就承担起培养的责任。小时一把屎一把尿地忙碌；长大上学，又要为其筹集资金，为其茁壮成长创造一切条件。子女成家立业了，父母仍然牵挂，不能释怀；直至撒手归天，对子女之情，仍依依不舍。这就是父母之爱，无止境之爱……父母的爱，既是物质上的关爱，也是精神上的疼爱；既是成功时的喜爱，也是失败时的抚爱。父母的爱如和风般温暖，也如秋月般迷人……父母之爱，是学习的，也是生活的；是严肃的，也是活泼的。总之，我们可以从各方面展示父母对自己的关心和爱护。

父母之爱，是我们摇摇晃晃学步时父母的笑，是我们沉睡病床时父母的泪，是我们痛苦不语时父母的愁，是我们玩世不恭时父母的包容……这些隐藏在父母对我们的笑、哭、愁、包容的背后，就是父母的爱。这种爱犹如春雨"随风潜入夜，润物细无声"。

黄香小时候，家中生活很艰苦。在他9岁时，母亲就去世了。黄香非常悲伤。他本就非常孝敬父母，在母亲生病期间，小黄香一直不离左右，守护在妈妈的病床前，母亲去世后，他对父亲更加关心、照顾，尽量让父亲少操心。

冬夜里，天气特别寒冷。那时，农户家里又没有任何取暖的设备，确实很难入睡。一天，黄香晚上读书时，感到特别冷，捧着书卷的手一会就冰凉冰凉的了。他想，这么冷的天气，爸爸一定很冷，他老人家白天干了一天的活，晚上还不能好好地睡觉。

想到这里，小黄香心里很不安。为让父亲少挨冷受冻，他读完书便悄悄走进父亲的房里，给他铺好被，然后脱了衣服，钻进父亲的被窝里，用自己的体温，温暖了冰冷的被窝之后，才招呼父亲睡下。黄香用自己的孝敬之心，暖了父亲的心。黄香温席的故事，就这样传开了，街坊邻居人人夸奖黄香。

孝敬父母是中华民族的传统美德，也是各种品德形成的前提。《诗经》上有一句"哀哀父母，生我劬劳"，感叹和赞美了父母的养育之恩。而"祭而丰不如养之厚，悔之晚何若谨于前"的古训，则督促后辈履行对父母的赡养和孝敬。可以说，以孝敬长辈为核心的家庭美德，几千年来代代相传，形成了中华民族伦理观念和道德品质的精华部分。然而在现实生活中，有不少孩子全然不懂得孝敬父母、孝敬长辈，全然不懂孝道的意义。

尽管每一位为人父母者都希望自己的孩子将来长大成人能够有孝心，满腔赤诚地善待子女，以为能够浇灌出一颗孝心，但结果常常不见发芽，孩子并不领情，更别提回报了，自然让父母心寒不已。忽略"孝心"教育，孩子会形成自私冷漠的性格，对其健康成长危害极大。这是家教的一大失误，也是孩子产生"不孝之举"的重要根源。

其实，孝敬父母不是单一的习惯问题，它也体现出一个孩子能否关心他人、设身处地地为他人着想。作为家长应该清楚地认识到，如果一个孩子连最基本的孝敬父母都做不到，以后是不可能做好任何事情的。因此，我们一定要重视培养孩子孝敬父母的好品格。

1. 教育子女深知父母养育之艰辛

让孩子了解父母通过劳动给自己的一切是用心血汗水换来的，要百倍珍惜，并要有感激之情。现在不少孩子不知道父母工作情况，不知道父母的钱是怎样得来的，只知道向父母要钱买这买那，认为父母给孩子吃好、穿好、用好是天经地义的。这样的孩子怎么会从心底里孝敬父母呢？为此，父母应当有意识地经常地把自己在外工作和收入的情况告诉孩子，说得越具体越好，从而让孩子明白父母的钱得来不易。孩子对父母付出的辛劳越了解，才越会从心底里相信和敬重父母，才会真正想着去孝敬父母。

2. 让孩子多做事、多承担家庭责任

教育孩子尽早学会自己能做的事自己做，并参与力所能及的家务劳动。这样不但有利孩子养成家务劳动的习惯，也可以使孩子从中体验父母的辛苦，减轻父母的负担，增强家庭责任感、义务感，不断增强孝敬父母的观念："父母养育了我，我应为他们多做事。"

3. 为孩子树立榜样

孩子的模仿力与观察力都很强，父母对待自己的长辈是什么态度，孩子对父母就是什么态度，这就是最直接的影响，父母就是孩子或好或坏的榜样。

如果想要自己的孩子有孝心，做父母的首先要尊重和孝敬自己的父母。这样，孩子在耳濡目染、潜移默化中，也会逐步养成尊敬长辈、孝敬父母的好品格。

⑤ 懂得分享的孩子更能适应社会

分享是一种美德，更是一种快乐。萧伯纳曾经说过："你有一个苹果，我有一个苹果，彼此交换，每个人只有一个苹果。你有一种思想，我有一种思想，彼此交换，每个人就有了两种思想。"分享能够让人减少痛苦，获得快乐。

现实生活中，我们都有一个深刻的体会：现在的孩子什么也不缺，可是却越来越小气，越来越"独"，越来越自私，不爱和别人一起分享，不会有福同享，别人的就是自己的，而自己的决不给别人。这种"小气"虽不是什么大毛病，但如果家长不及时地进行纠正，孩子将是一个不愿与他人分享，独占意识很强的人，那么他很难与别人形成良好的人际关系；不学会和别人进行合作，从而注定在竞争激烈的社会里被淘汰。所以，从小培养孩子与他人分享的意识很重要。

有一个年轻的学生怕麻烦老师,所以迟迟不敢再问问题,细心的老师发现了,就追问他原因。

年轻人解释说:"老师,您知道吗?您给我的答案我又忘记了,我很想再次请教您;但想想,我已经麻烦您许多次了,所以不敢再打扰您了!"

老师想了想,对年轻人说:"先去点一盏油灯。"年轻人照做了。

老师接着又说:"再多拿几盏油灯来,用第一盏灯去点燃它们。"年轻人也照做了。

老师便对他说:"其他的灯都由第一盏油灯点燃,第一盏灯的光芒有损失吗?"

"没有啊!"年轻人回答。

"所以我也不会有丝毫损失的,欢迎你随时来找我。"

与人分享其实是一件很美好的事,在分享的过程中,如果别人有与自己类似的感受,那种喜悦、那种共鸣,实在足以让人欣慰许久。分享最重要的,是那份心意,是那份企盼,也是那份热情!

如今的孩子通常会有一种"自我中心"的心理,这种自我中心的心理根源于父母的私爱和溺爱。为了不让孩子的爱心枯竭、泯灭,父母不仅要爱孩子,更重要的是让孩子学会爱。千万不要只知一味地给予孩子爱,这种爱恰恰对孩子是没有好处的。"溺爱是父母与孩子关系上最可悲的事,用这种爱培养出来的儿童不肯把心灵献一点儿给别人。"这是一位教育家的经验之谈。因此，父母在爱孩子的时候，还应该教孩子学会与人分享。

与他人分享好吃好玩的东西，对他人说一些关心体贴的话，同情并帮助有困难的人，不计较他人的过错，对他人能够宽容和谦让，孩子的爱心就是通过这样一次次的行为模仿和强化而逐渐形成的。

那么，怎样让孩子学会与人分享呢？

1. 父母要学会分享孩子的东西

事实上，我们所说的"分享"有两层意思：既要教孩子学会分享，还要家长学会分享，而这一点却往往被忽视。

许多父母宁可自己受苦也不愿让孩子吃苦，好吃的、好玩的、好用的尽数都往孩子面前堆。虽然也担心孩子会发展为不关心别人的冷血儿，但在行为上却不会与孩子分享。经常会发生这样一幕：孩子诚心诚意请父母一起分享美食，父母却坚决推辞，说："你吃，妈妈不吃！""让你吃你就吃，别管我。"就这样，孩子与人分享的好意被父母给扼杀了。久而久之，孩子也就没有了谦让与分享的习惯。

2. 通过移情引导孩子与他人分享

从孩子还只有几个月大的时候，父母就要让孩子学着与别人分享东西。孩子渐渐长大了，在餐桌上，可让他学着给长辈夹菜；鼓励孩子给爸爸妈妈拿东西；教孩子给客人让座，让孩子做这些力所能及的事，从中品尝做了有益于他人的事而带来的喜悦。

3. 允许孩子有自己的宝贝

每个人都有不愿意与人分享的宝贝，孩子也一样。这些东西也许是孩子特别喜欢的，也许是孩子认为重要的人送给他的礼物，对孩子来说有特殊的意义。总之，我们提倡孩子与人分享，但是，并不是任何东西都应该与人分享。父母应该允许孩子有自己的宝贝，并教育孩子珍惜自己的宝贝。

古人说："独乐乐，不如众乐乐。"人生不是独角戏，快乐和痛苦都要有人分享，我们不难想象一个人满肚子的话无处诉说的感觉。把我们的快乐与人分享，我们将会拥有双倍的快乐；把痛苦与人分担，将会减少一半痛苦。

孩子的成长来自孩子各方面的生活，因此作为父母，不要刻意去掩盖他们的某些弱点，应该让孩子从小学着和我们一起去分担，哪怕只是让他了解生活的不容易，这样他才会懂得珍惜现在的生活，也才会关心他人。

❻ 从小培养孩子的"独立性"

美国教育家罗伯特博士曾提出现代幼儿教育的十大目标，其中第一条便是"独立性"。一个缺乏独立性的儿童是无法适应现代社会的，因为今天的幼儿长大后将面对的是急剧的社会变化、迅猛的科技发展，他们需要具备独立思考、判断和解决问题的能力，否则将难以生存和发展。

联合国教科文组织国际21世纪教育委员会面对瞬息万变的未来世界，在向联合国教科文组织提交的报告中提出了教育的"四大支柱"，即学会认识、学会做事、学会共同生活、学会生存，而其中任何一个"学会"都离不开主体的"独立性"。因此，父母培养孩子具备"独立性"，被视为面向未来、培养新一代的主要目标之一。

儿童时期是孩子世界观、人生观、价值观的萌发时期。一般健康幼儿在三岁前就有意志萌芽,能初步借助言语来支配自己的行动,出现独立行动的意愿,如"我要……""我自己……"因此,有意识地培养孩子独立的能力,除了培养让孩子自己洗手、洗脸、刷牙、穿衣服,做一些力所能及的事情外,还可以让孩子练习一些复杂内容的活动,如收拾玩具、缝扣子、洗碗筷、收拾桌椅等。唯有把培养孩子的"独立性"作为孩子健康发展的重要目标之一,自始至终贯穿在孩子的日常生活中,才能使孩子养成良好的生活习惯。

现在的家长常常将孩子视为掌上明珠,对孩子疼爱备至,常常是一家人围着一个孩子转;而现在的孩子,个个都是家中的"小皇帝""小公主",他们饭来张口,衣来伸手,每件事情都由长辈包办代替,致使孩子什么事也不会做,什么事也不愿做。长久如此的话,孩子就会习惯让父母帮他做所有的事情。

其实孩子从一出生就是一个独立的人,他们一直在积极探索周围的世界,可是当家长一厢情愿地包办代替时,就会使孩子形成一种错误的认知:什么事情都应该是家长做,不需要自己动手做。

未来是属于孩子的,孩子未来的路要靠他们自己去走,未来的生活要靠他们自己去创造。我们应循序渐进,耐心引导孩子,多给孩子自己去尝试体验的机会,培养孩子做一个独立的"人",进而产生热爱生命、保护生命、关爱生命的意识,使孩子具有良好的性格、积极向上的态度和自我责任感,并进一步感悟生命的意义。另外,在教养过程中应积极发现、鼓励孩子的每一点进步，帮助他们建立自信，使他们具有较强的社会适应力和心理承受力，才能勇敢地面对问题、解决问题。

独立自主是健康人格的表现之一。从小学会独立生存的技能，对自己的生活、学习质量以及成年后事业的成功和家庭生活的美满都将产生重要的影响。我们的目标是要青少年成长为一株迎风而立的大树，而不是经不起风吹雨打的小草，所以要在实际生活中让他们经过锤炼，学会独立生存！

怎样让孩子从小就养成独立生存的技能，自理自己的日常生活呢？

1. 父母要提高认识，更新观念

父母要明白，孩子的人生之路最终还是要他们自己去走，身为父母帮得了一时帮不了一世，只有让他们学会为自己服务才能为他人服务；也要让孩子明白"天上不会掉馅饼""从来就没有什么救世主，一切要靠我们自己"的道理。只有离开父母的怀抱，才能锻炼出苍鹰的矫健翅膀，翱翔于天空之中。

通过讲名人逸事等方式，使孩子明白自己的事情要自己做，自己的小手也能做许多大事。要激发孩子自我服务的兴趣，使孩子养成良好的生活习惯。不要过度关注孩子，而应给予孩子充分的活动自由。放手让孩子自己做事情，父母不要从中间插手，一般情况下在进行过程中不要提出任何建议。要与孩子建立亲密关系，让孩子充分感受到爱。父母与孩子之间可以尝试以朋友方式相处，给孩子提供充足的信任感和安全感，孩子们才敢大胆地去尝试。

2. 让孩子学会说"我自己来"

家长应积极鼓励，注意引导，尽量让孩子去做他想做的事情。他要自己吃饭就给他小勺和碗；他要自己喝水，就把小缸子给他，哪怕他打碎餐具或弄脏衣服，家长也不要代劳——但是可以给孩子一些帮助，例如教给他拿勺子的正确方法、吃饭时要用手扶住碗等，使孩子尽快学会这些本领。家长不要怕麻烦，不要认为让孩子干还不如自己替他干省事，而让孩子失去锻炼的机会。孩子通过自己做事情能锻炼意志，发展动作，增强独立活动的信心。如果家长能抓住这个时期，顺应孩子"我自己来"的要求，则可以较顺利地培养起孩子的自我服务能力。

3. 要善于在生活中一点一滴培养

先提出任务，再悄悄创造完成任务的条件。例如，学洗衣服时，可以让他洗污渍较少的。最初要保证孩子能够比较容易地完成任务，再逐渐增加难度，这样才会增加学习自我服务技能的兴趣，而不至于一下子被难倒或再也不听从指挥。

单纯地改善观念当然还不行，关键要落到实处。力所能及的事情要让孩子自己动手做。要鼓励或间接指导孩子做简单的事，让他们体会到依靠自己双手取得成功的喜悦。不要总是一味代劳，凡孩子力所能及的事情尽量放手让他们自己动手做。也许会经历几次失败，但总有一天，他们会做得很好。

4. 要肯定和鼓励孩子每个小小的进步

哪怕孩子独立完成一件微不足道的事，父母也要给予鼓励，以培养孩子的兴趣。如孩子自己洗脏衣服，尽管洗得不怎么干净，但父母也应该说"会自己洗衣服了，真是个好孩子"之类表扬的话语。同时，不失时机地教孩子怎样洗衣服。多给孩子提供一些自我服务的机会。如在学校组织春游的时候，让孩子自己决定穿什么衣服、准备什么食物；过节了，要清理房间，可以跟孩子说："爸爸妈妈跟你来个比赛，看谁的房间整理得漂亮！"这样，引导孩子自己动手，使他们愿意自己劳动，在劳动中无形提高了孩子自我服务的能力。

要有耐心、不要急于求成。孩子刚开始动手时，经常会不小心把事情搞砸，这个时候父母千万不要呵斥孩子，否则就会损伤他们的积极性，而要耐心地把动作解释清楚，并做示范，然后再让他练习。

5. 定下一些规则，全家上下一律遵守

如果孩子依赖、懒惰成性，鼓励或者模仿可能都不起作用，这时可以定下一些规则，例如"不洗澡就不准上床"。如果孩子不听劝告，父母可以不理睬他的抗议。确立规则时不要带有责备的语气，也不要重复唠叨，只要以行动来证实就可以了。也可以求助于医生、老师等具有权威性的人。这些人更能使孩子明白自我服务的重要性。如孩子不肯刷牙，可以直接带他到牙医那里，让他看看病人的痛苦。然后让医生告诉孩子，这些病人就是因为小时候不好好刷牙，现在就要补牙、拔牙，还要打针吃药。在孩子认识到"惨痛"的教训时，再教他们如何保养牙齿、如何养成正确的习惯。

身为父母，在孩子需要帮助才能完成某件事情时，父母不给予帮助，这是父母不尽职；然而，当孩子已具备独立完成这件事的能力时，做父母的就应要求孩子独立完成它。作为一个人，如

果没有摔倒了能重新站起来的勇气和毅力,那他要如何生存呢?如果一个人离开了父母的呵护,他就生活得一塌糊涂,那他怎样去面对激烈的生活竞争呢?

❼ 唤醒自驱力，孩子更积极主动

孩子在家上网课需要父母盯，写作业需要家长监督，练钢琴、学跳舞、下围棋等都需要人陪，甚至和朋友玩耍也需要家长在旁边保护……"孩子不主动怎么办"已经成为当下家长急迫需要解决的问题之一。

当下的社会中，似乎诸如"不让孩子输在起跑线上""从小就要抓紧对孩子的教育"等的教育宣传大行其道，而且家长们也将这种教育理念奉为圭臬。这样一来，不仅仅是家长对孩子的教育和发展充满了焦虑，孩子自身也很焦虑。面对家长的步步紧逼，孩子们有可能会陷入不能自拔的紧张之中，面对这样的不良环境，家长们虽然努力地去解决，但是效果却不佳。

那么，面对这样的教育困境，就真的没有办法了，家长们就真的束手无策了吗？答案是否定的，唤醒孩子的自驱力，是解决这一难题的根本方法。

所谓自驱力，就是自己内在能够驱动自己向前努力的能力，基本无须外力推动。

一般来说，自驱力来自两个方面：

一是兴趣，从一件事情中我们能得到快乐，那么很容易自发地去做这件事，无须外人来督促，比如小孩子喜欢玩儿乐高，他可以大半天一直搭乐高，不眠不休也要把它搭完；

二是从一件事情中能得到成就感，孩子通过自己的努力完成了一件之前完不成的事情，这时候，他的内心充满了对自己的认可，感觉到了自己的成长，下一次，再遇到有挑战的事情，孩子便会跃跃欲试，努力去做。

一个没有自驱力的孩子，不管家长提供多么好的外部条件，终究无法成就自己的幸福人生。

家庭教育其实是一门艺术，没有标准的配方，需要父母根据孩子进行创意。由于不同阶段的孩子对父母也有不同的要求，所以父母的角色必须是动态的，父母需要不断地提升自我。作为父母，我们必须拿出爱心和耐心，帮助、等待孩子找到"自己"，培养孩子的自驱力，毕竟"教育的精髓是点燃梦想"。

绝大部分家长都坚持要一手操办孩子的一切，从做作业到交友，再到选择大学，家长都要说了算，致使孩子面对着巨大的压力。为人父母，其实是要教导孩子去独立思考、身体力行，这样，他们才能拥有可以帮自己在校园里，乃至生活中取得成功的决断力。我们更应该想方设法地帮助孩子们找到自己挚爱的事物，并进一步发掘他们的内部动机，而非逼着孩子们做那些他们不想做的事。

事实上，孩子们有充分的能力对自己遇到的事情做出正确的选择，家长们应该让这种选择能力得到发挥。让家长对孩子放手并不是要求家长完全放任不管，当孩子遇到困难或者因决策失误时，家长应当给予帮助和关心，从而让孩子拥有更强的应对压力的能力，这也有助于孩子的健康成长。换句话说，在整个教育的过程中，家长们只需要扮演一个顾问的角色。

我儿子小时候有一个不爱写作业的习惯，沟通过很多次，也尝试过很多办法，都没有什么效果。到了小学三年级的时候，为了让他有完成作业的责任感，我和老师商量了一下，给他派了一个任务，刻了个章检查其他孩子是否完成了作业。结果这个章一次也没有用上，因为只有他还是没有写作业。后来我们进行了一次长谈，谈过之后我才发觉，他并不清楚那些作业的意义何在，尤其写作业还要占用他的时间。在他看来，课间休息和放学后的时光都应该用来和朋友玩耍，或者做他喜欢做的事情。归根结底他还是不理解自己到底为什么必须做作业，因此也就毫无动力可言。在这种情况下我还强迫他去做，他会越来越讨厌作业，而且长期这样下去会形成恶性循环，他会觉得自己不再是一名好学生。

对于儿子不爱写作业的事情，后来经过我们双方对不写作业的后果进行深度分析后，我选择尊重他的选择。为什么我有这个勇气做这样有风险的决定，是因为我看透了很多的底层逻辑。每个孩子都是不同的，教育方法也应该因人而异。儿童有一百种语音，一百个心中有一百个哈姆雷特。我们之所以在乎作业、给孩子报补习班，更重要的是在乎考试成绩。我想给大家的建议恰恰是从长远发展的角度，不要纠结于成绩。而是学习方法、学习能力的培养。学了多少不重要，而是怎么去学更重要。

所以我放弃了对他写作业的要求，但我提醒他，如果想不写作业还不被拉下，一定要珍惜课堂45分钟的时间，这是时间效率，每节课都在课上消化理解了。这样，写作业这件事儿就成了孩子自己的事情，从我要求他做作业、我监督他做作业、我检查他的作业变成了他自己的事情，他自己要思考到底要不要做作业，这些知识他是否学会了，如果不做作业会对他会有什么影响等。当然，这个过程不是一次谈话就可以解决的，而是反复沟通交流，从不同的角度多维度分析，让他自己对事情有更深入的认可。

大家一定会觉得这个孩子完了，这样学习没救了。今后工作一定不会按时完成任务，没有责任心。但值得反思的是现在工作了，他对待工作任务却是非常认真，并且对于自身业务之外的学习非常感兴趣，积极主动地学习业务相关的延展课程，总是自学国外的专业游戏领域相关课程。

教育的目的，并不是培养一味听话、服从的孩子，也不是培养为了得到奖励才肯去做事的孩子，而是要通过强化孩子的内部动机，培养出"自觉主动的孩子"。

父母要怎样才能更好地唤醒孩子的"自驱力"呢？

1. 让孩子在自己感兴趣的领域努力，激发他的内部动机

兴趣是孩子最大的老师，所有孩子愿意去做的事情都是孩子自己喜欢的事情。如果孩子不喜欢，那么父母强迫孩子去做，也不会有多大的效果。孩子的世界里不应该只有学习，当孩子们在炙热的阳光下，挥洒着汗水打篮球时，俨然已经忘记了疲劳，他们享受着注意力高度集中的快乐。那股不甘示弱、奋力拼搏的劲头，完全来自强烈的内在动机。鼓励支持孩子发展他的兴趣爱好吧，不要觉得他出去打个篮球就是浪费时间，影响学习，当孩子的内心需求得到满足时，情绪会更积极，学习的效率会高出很多。

2. 要培养孩子内在的目标

做任何事情都要有目标，这个目标可以大，也可以小，但不能没有，没有目标的事情，人很容易迷茫，迷茫就容易放弃，放弃就意味着失败。想要唤醒孩子学习的内驱力，就需要帮孩子找到一个好目标，这个目标，是孩子可以看见的，是可以感受到的，是发自内心想要得到的。我们可以给孩子多制定小目标，当孩子完成目标时，及时给予肯定，孩子会更积极地进入下一个小目标，这一过程能够建立孩子的自信心，如果孩子生活中遇到问题，他会用积极的态度处理事情，并不断突破自我，在快乐中成长。

3. 让孩子拥有更大的自主权，给予孩子自由

孩子的自主权很重要，只有充分保证孩子的自由，才能让他们更愿意去选择自己喜欢的事情。所以父母不要在生活中总是替孩子做决定，强迫性给孩子安排一些任务，而应当将选择权交给

孩子，让孩子自己来选择。比如，父母不要替孩子安排放学后的时间，不要让他们一放学就学习。更好的做法是让孩子自己安排自己的时间，但是要给孩子一定的目标，比如每天完成一定的任务之后才可以自由活动。给予孩子自由就能够给予孩子更多的快乐，他们也会更好地安排时间，自己抓紧时间去完成最后的目标。

4. 多夸奖孩子，给孩子进步的动力

父母要有一双善于发现的眼睛，及时肯定孩子的进步，要毫不吝啬地用自己赞美与表扬的语言和行动，站在孩子的立场，去鼓励孩子、肯定孩子、接纳孩子、认可孩子，和孩子在心灵上形成一种默契与共情。父母的夸奖可以让孩子拥有更多的胜任感，认为自己能够很好地完成一些任务，于是就会更加愿意去尝试，愿意去做，这也是孩子自觉学习的动力。因此，父母在生活中要多对孩子进行夸奖，满足孩子的自豪感，让孩子自主挑战生活中的难题，并且在这个过程中去感受挫折以及解决它带来的征服感。当孩子学习遇到难题的时候，父母的一句鼓励是孩子重新获得信心的动力。当孩子学习进步了，父母的一句鼓励则是让孩子继续前进的动力。所以，父母不要吝啬自己的夸奖，多鼓励孩子，给予孩子们前进的动力。

第 4 章

Chapter 4

专注的孩子，成功的概率更大

意大利教育家蒙特梭利曾说：孩子成长过程中，最重要、最基本的就是注意力集中。专注力对于孩子的一生起着十分重要的作用，只有保持专注，做事效率才能更高，才更有可能在未来的事业上获得成功。

1 了解脑科学，给孩子们插上翅膀飞翔

可能是由于过早地承受压力，我在34岁的时候第一次有人提醒我有轻微的头部颤动，我自己是毫无感觉的。但由于工作繁忙加上我良好的心态，我也从来没有太在意这件事情。后来，我发现身体有了一些其他症状，头部的颤动也比以前严重了。

于是，我萌生了一探究竟的想法，到底这种症状是脑部的问题还是心脏的问题。我开始阅读大量的脑科学书籍，由于没有基础，刚开始看的时候都是懵懵的，但是随着阅读量的增加，我发现，虽然每一本书的侧重点不一样，但脑的底层工作原理都是一样的。更重要的是，我有了另外一个收获——作为教育工作者，我们过去都是从教育学、心理学的角度去谈儿童的学习和发展。而学习脑科学后，更感觉到我们幼儿园一直坚持的课程理念是完全符合人体的科学发展观的。

我相信有很多同学想好好学习，但却根本进入不了状态，总是分心，无法聚焦在学习的状态中，还有些同学无论多么努力拼命地学习，但学习成绩却始终不是很理想。也有些同学学习特别刻苦，天天刷题，他们的好成绩是学出来的。只能依靠努力甚至搭上课外补习熬夜的努力才能学习好，否则成绩就会落下。但同时你也会发现周围总是有学习高手、学霸，没看他怎么学习，课外你在补课，他玩游戏，看电影、体育运动样样不落，可考试成绩始终名列前茅。

当我们看到这些的时候，我们可能会认为这些人都是天才，天生善于学习。

这种"学神"是完全自带光环，不用学习都行吗？

大家可能都很困惑，学霸到底"霸"在哪？"学神"到底"神"在哪里？他们有没有学习秘籍？

美国HBO拍摄了一部关于巴菲特的纪录片。影片里，巴菲特讲过一个小故事：巴菲特和比尔·盖茨是多年好友。一次，盖茨他爸让盖茨与巴菲特各自在纸上写一个词，说说对他们的成功影响最大的因素是什么。

结果，他俩在没有商量的前提下，都写着同一个单词——Focus，即：聚焦、专注。巴菲特和盖茨这样的世界级名人，都认为专注是最重要的成功因素！那对于我们普通人来说，就更是如此了。每个人的一天都是24小时，消遣娱乐的时间越多，学习进步的时间就越少。如果不能专注地做一件事，我们终将会一无所成。

提到专注聚焦让我们首先了解一个词——心流。什么是心流？

"心流"的概念是米哈里·契克森米哈赖教授最先提出的，他在《心流——最优体验心理学》一书中写到，全力以赴地忘我地投入去做一件事情，就是一种"心流现象"，指的是全神贯注、完全沉浸在一项吸引人的活动中，时间好像停止，自我意识消失。在这件事情完成之后我们会有一种充满能量并且非常满足的感受。也即你能控制自己的精神能量专注于一个实际目标，一切的得失荣辱和最终的结果都被你抛诸脑后，你体验到一种严格的自律和深沉的快乐，它带给你一种狂喜和一种自我满足。

能够经常感受心流的人思维更活跃、更有创造力。

爱因斯坦在写给孩子的信中说道："当你沉醉于做某件事情的时候，你甚至都没有留意到时间的流逝。我有的时候过于埋头于自己的工作，竟然忘记了午餐……"可见，开发并激活人体潜能，是心流体验带给我们的最大益处。

在我们工作、学习、玩游戏、写作、跑步的时候，你可能都有过这样的经验：因为太过沉浸于手上的事情，而因此忘记了吃饭，忘记了时间的流逝，甚至感觉不到自己的存在，我们常常用"忘我"这个词来形象地形容这种状态。很多这样的时候，你其实已经进入了"心流"。但你可能不知道的是，"心流"不仅是一种非常专注的状态，也是一种能够让我们在日常生活中感受到"幸福感"的实操方案。需要注意的是全神贯注地做一件事情并不总能让人们产生"心流"。因为"心流"不仅仅是一种全神贯注，更是一种在目标驱动下的投入与付出，是人们在完成任务、实现目标的同时，获得的一种额外的、积极的精神体验。也就是说，你所沉浸的那个行为，必须是向着某个目标前进的，而不仅仅是娱乐和消遣。处于"心流"状态能提高自尊水平，人们会因为接受了挑战、发展新技能而感到"力所能及"，而这不仅让人们获得了掌控感，从而减少焦虑，提高学习表现。心流就是这样一种通过努力、实践、学习、练习就能掌握的"幸福"。

专注的习惯需要从小培养。那么在幼儿期如何培养孩子专注的习惯？习惯性进入到心流的状态呢？

获得心流需要持之以恒地刻意练习，需要成长。如何培养孩子进入到心流状态呢？

一、选择孩子感兴趣的事物，毕竟对待自己感兴趣的东西，孩子会有更多的耐心和好奇心。

二、让孩子刻意去练习，如果孩子能够持续花费大量的有效时间在同一样事物上面，那么孩子也会慢慢地变成"专家"。

三、帮助孩子进入"学习区"。什么是"学习区"呢？在教育学领域就叫"近期发展区"，是孩子"跳一跳"就能够够着的挑战，这样就能够避免孩子长时间待在舒适区或者恐慌区，而对学习失去兴趣。

四、当孩子在学习某一样事物时，父母要结合孩子的性格、思维模式、学习习惯，打造出一份适合孩子学习的计划表。也就是说，按照实际情况对孩子进行学习设定是非常重要的。

五、在孩子的学习过程中，孩子提出的意见，父母都必须要谨慎参考，不能只是按照自己的思路去想。过于简单和过于复杂都会大大降低孩子的学习兴趣。关键还是要找准孩子的"学习区"，并且让孩子准确地进入"学习区"。

当一个人到达心流状态时,外界的时间感会失真,中国人说的废寝忘食,就是一种时间感失真,因为做一件事情太专注,而忘记时间的存在。

孩子如果经常进入"心流"状态,将会受益良多。简单来说,"心流"能帮助孩子的创意灵感得到涌现,并且有助于知识的融会贯通;当孩子面临困难和挑战时,"心流"能提升孩子的专注力,让孩子把注意力集中在解决问题上,从而忘记恐惧和害怕;当孩子遇事不顺时,"心流"是最好的监测工具,它告诉我们应该优先从目标、方法、时机三个角度来检测问题,这里强调一下时机的重要性,孩子不会对无趣的事情全情投入,也不会在疲劳的时候接受挑战;如果孩子能够进入"心流"状态,则说明我们在正确的方向上前行,反之,则说明我们已经偏离了航道,需要做好自查工作。

我们在接触"心流"这个概念时,总会不自觉地将它和体育竞技、科学研究、极限挑战、逆境作战等极端条件下的场景联系在一起。在我们的日常生活中,"心流"状态似乎与我们相距甚远。事实上,"心流"无处不在,在我们的生活中,它就像呼吸一般自然,让我们时常感受不到它的存在。

我们可以一起来试想下孩子的"心流时刻"。

孩子在玩耍、运动、学习时,都能够进入"心流"状态,尤其是在家长和老师的带动下。在和孩子做游戏时,需要我们和孩子一起全神贯注,这样我们很快就能进入"集体心流"的状态,因为游戏足够有趣、足够刺激。

学习也是一样,只要学习的方式有趣,学习的目标具有挑战性，我们和孩子同样能进入"集体心流"的状态。判断老师的好坏，从某种程度上来说，就是看这位老师能引领多少学生同时进入"心流"状态。

"心流"其实是一种做事情渐入佳境的过程，它没有传说中的那样神奇，也无法让人变成"超人"。但，"心流"却是一把很好的尺子，它就像一面镜子，能够照出自己的内心和状态。

孩子如果能够经常进入"心流"状态，那他就拥有了这面镜子，能够透过镜子，看清自己的现状和渴望，从而指引自己发生改变。

我们应该追求的不是"心流"本身，而是自我的成长与进步。在此之前，我们难以度量自己的成长和进步，但现在，我们可以通过"心流"的过程，直观感受到自己做事的"精气神"，也能够从中发现值得改进的空间。

试想一下，如果孩子每天大部分的活动都能进入"心流"状态，那么孩子所做之事必然是他的兴趣和天赋所在；如果孩子每天大部分时间都在"心流"状态中，那么孩子的生活和学习质量就会很高；如果孩子能够习惯性地进入"心流"状态，那么孩子的成长进步就是肉眼可见的，孩子前进的大方向就不会出错。

家长们应该做的事情是让孩子做那些能获得"心流"体验的事情，而不是什么事都做。这既是对孩子的尊重，也是在提升孩子的做事能力；这既是在培养孩子的自信和专注，又是在开发孩子未来的潜力。

❷ 有了兴趣爱好才更容易专注

人是跟着兴趣行走、成长的。儿童如此，成人也是如此。

兴趣会决定人生的方向和人生的成就。叶圣陶先生说得好，平时我们以为我们的环境就是围绕着我们的事物的总和，"其实我们所寄托的只有我们经历过的一部分事物罢了"。最可怕的事情，就是一个人对任何事情都感到索然无味，无动于衷。

所以，父母和教师要做的，就是努力发现、引导和培养孩子的兴趣，鼓励孩子对自己感兴趣的事物进行探索，不要嘲笑他们的幼稚和无知，不要训斥他们在探索中的鲁莽与荒唐。

爱看动画片的孩子，没有谁不知道唐老鸭和米老鼠的。这两个活泼可爱的动物是由美国人沃尔特·迪斯尼创造出来的。这个穷孩子，不仅创造了两个最伟大的动画形象，同时，也创造了全世界著名的迪斯尼乐园，这一切，都来自迪斯尼那个聪明的、对全世界充满兴趣的大脑。

1901年，迪斯尼出生在一个贫困的家庭，虽然家庭贫穷，但是，他的童年还是充满了乐趣。迪斯尼是在广阔的农场上长大的，附近的树林里各种各样的树，引发了迪斯尼强烈的兴趣，对于树林里的动物，迪斯尼更是充满了好奇，他每天都跑到树林里观看那里的动物：兔子、松鼠，等等，这些动物在树林里做着千奇百怪的动作，同时，迪斯尼也很喜欢树林里的各种鸟类，啄木鸟、猫头鹰、麻雀等各类鸟的叫声都深深吸引着他。迪斯尼除了帮父亲做农活外，一有时间就画这些可爱的动物。童年的乐趣给迪斯尼后来的创作提供了大量的素材。

一天，迪斯尼的妹妹生病了，发高烧，只能躺在家里休息，迪斯尼看着妹妹生病的样子，心里很难过，于是，他就想，怎么样才能减轻妹妹的痛苦呢？迪斯尼想了一个好办法，他来到妹妹的身边，给妹妹画了很多画，然后每画一幅画就给妹妹讲一个故事。后来，他用了大量的时间，给妹妹画了一幅能够翻动的画，这是迪斯尼最原始的卡通画，他的卡通画让妹妹高兴了好一阵子。

小小的迪斯尼在心里想：我喜欢的是画画，只要好好画，我一定能够成功。

心理学家说："兴趣就是一个人能量的激素。"一个兴趣广泛的人，他的智力也将得到全面的发挥。

如何教育好孩子，是一个社会性的难题，要培养一个身心健康、有良好兴趣的孩子，对父母来说，真不是一件容易的事。孩子虽然年龄小，但是，在心理上是一个独立的个体，有自己的兴趣和爱好，父母要多花时间和精力细心地观察孩子，走进孩子的内心世界，正确地引导孩子，让孩子向着健康的方向发展。

培养孩子广泛的兴趣，让孩子得到全方位的发展和提高，是帮助孩子走向成功的关键所在。孩子的兴趣需要父母的鼓励，孩子的自制力比较弱，也许孩子对一件事产生了兴趣，不久就感觉枯燥无味了，就失去了耐心，这时就需要家长的支持鼓励，特别是在遇到困难的时候，要和孩子一起去克服。

十年树木，百年树人。在培养孩子兴趣的过程中，需要家长们齐心协力、持之以恒，遵循孩子身心发展规律，从激发孩子学习兴趣入手、培养他们自觉学习的习惯。这样，才能让幼儿沐浴着春风和阳光，带着快乐的心情，轻松上阵。

❸ 孩子的专注力是可以培养出来的

所谓"专注",就是集中精力、全神贯注、专心致志。可以说,人们熟悉这个词就像熟悉自己的名字一样。然而,熟悉并不等于理解。从更深刻的含义上讲,专注乃是一种精神、一种境界。"把每一件事做到最好""咬定青山不放松,不达目的不罢休",就是这种精神和境界的反映。一个专注的人,往往能够把自己的时间、精力和智慧凝聚到所要干的事情上,从而最大限度地发挥积极性、主动性和创造性,努力实现自己的目标。特别是在遇到诱惑、遭受挫折的时候,他们能够不为所动、勇往直前,直到最后成功。

专注是孩子需要培养的一种学习习惯,它是一个人能高度集中于某一件事情的能力,是一项非常重要的心理素质。正所谓:

为未来而育

"书痴者文必工,艺痴者技必良",每个家长都应该培养孩子的专注力,因为专注可以帮助孩子更好地学习,使孩子更聪明伶俐。

许多孩子学习成绩不好,实际上大多不是智力原因,而是孩子学习时不能专注,不能投入,总是在分心,因此精力分散,使学习达不到预期的效果。

有关专家做过调查,人与人相比,聪明的程度相差不是很大,但如果专心的程度不同,取得的成绩却大不一样。凡是做事专心投入的人,往往成绩卓著,而时时分心的人终究得不到满意的结果。

有两个学生拜奕秋为师学习下棋。其中一个学生每次听课都全神贯注,一心一意地听奕秋讲解棋道;而另一个学生上课时总是心不在焉,三心二意,极易被外界事物纷扰乱了心神。一次上课时,有一群天鹅从他们头上飞过,那位专心的学生连头都没有抬一下,浑然不觉。而心不在焉的学生虽然看着好像也在那里听,但心里却想着拿箭去射天鹅。若干年后,那位专心致志的学生也成了一名出色的棋手,而另一位呢,却一事无成。

这个小故事告诉我们,一个人的精力毕竟是有限的,不能一心二用。我们要想做好一件事情,就必须全身心地投入,决不能心猿意马。正如作家西塞罗所说:"任凭怎么脆弱的人,只要把全部的精力倾注在唯一的目的上,必能有所成就。"因此,专注力的培养,对于孩子来说,是极其重要的,从小训练孩子的专注力可以让孩子养成集中注意力的好习惯。

专注于你所做的事就是成功的第一要素。一个专注的人,往往能够把自己的时间、精力和智慧凝聚到所要干的事情上,从而最大限度地发挥积极性、主动性和创造性，努力实现自己的目标。对孩子来说更是如此，只有善于克制自己，把精力投入到学习中去，完成自己的职责，才有成功的希望。因此，在家庭教育中，父母要十分注重孩子专注力的培养。

1. 让孩子的身心得到放松和休息

孩子的专注力会受到身体和心理状态的影响，要给孩子足够的休息和放松时间，如听音乐、阅读课外书籍等，这样可以帮助他们恢复体力和精神状态，提高专注力。

2. 结合孩子的兴趣培养专注力

兴趣是最好的老师，在做自己感兴趣的事情时，每个人都会很投入、很专心，孩子也是如此。孩子对事物的兴趣越浓，其稳定、集中的注意力越容易形成。生活中我们会发现，小孩子在做某些事情时总是心不在焉，而在做另一些事情时却能全神贯注、专心致志。因此，父母可以利用孩子的兴趣和爱好，培养孩子的专注能力。

3. 给孩子创造良好的学习环境

环境对孩子专注力的培养有重要的意义，并且直接作用于孩子的心理状态。孩子常会因各样的刺激物的干扰而出现专注力分散的现象，声音嘈杂的环境，杂乱无章的屋子，不正常的家庭生活，所有的这一切都严重地影响着孩子的专注力。所以，家长要给孩子营造安静舒适的学习环境，给孩子专注做事的空间，给孩子独立做事的自由性，家长要控制好自己的嘴巴，不要轻易去打断孩子，否则孩子的注意力就会转移或受影响，注意力就会大大地分散。

为未来而育

④ 做事讲效率，不拖拉

在现实生活中，常常会看到做什么事都"慢半拍"的孩子：穿双袜子、系个鞋带得老半天；一口饭含在嘴里很难咽下；上学校磨磨蹭蹭不想去……在当前"一切讲究效益"的社会里，如何让孩子从小就具有时间观念、具有效率意识已是家庭教育中不可缺少的一部分。

邻居家的小杰仿佛天生就是个做事比较拖拉的孩子，不管什么事情，总要拖到很晚才会去做。上了小学还是这样，妈妈和他沟通好多次，收效都不太大。

有一次，妈妈的一个"计谋"，让小杰终于改掉了这个坏毛病。

那是一个国庆节，放假前，妈妈一直没有告诉小杰这个节怎么过。因为假期较长，所以小杰根本没打算先做作业。过了两天，妈妈突然说："最后两天我们去海边玩，在那里可没法做作业，你要么明天把作业做完，要么就不去。"小杰很着急，只有一天的时间，为了能去海边，他只好整天都待在家里写作业，忙活了一天才完成，然后开开心心地去海边玩了。

后来，妈妈每次定计划都不提前告诉小杰，先看着他把时间耗掉了，然后才说有什么旅游之类的好事。总是只留给他一点点写作业的时间，每次都弄得他很匆忙，甚至有一次因为太着急还把作业写错了。看到小杰这么狼狈，妈妈终于给他出了个"点子"："在老师布置作业之后，你不要拖拉，抓紧时间完成，这样就不用每次都赶着写了。"小杰就按妈妈说的做。又是一个周末，小杰很早就把作业写好了，然后问妈妈："能不能到外婆家去玩？"妈妈愉快地答应了。

于是，小杰渐渐养成每次都尽量先做好作业，然后留下剩余的时间来慢慢计划的习惯。这个习惯，让小杰有更多的时间做他喜欢的事，也让小杰每次在做事的时候，很少因时间不足而手忙脚乱。

孩子做事拖拉，多源于家庭教育环境的影响。在日常生活中，一些家长对孩子过于溺爱，凡事都依着孩子，孩子开始出现做事拖拉的迹象时，家长们没有及时采取措施帮助孩子纠正坏毛病，同时一些家长自身做事不遵守时间规则，也在无形中影响了孩子的行为习惯。

对于做事拖拉的孩子，不少家长总是心急如焚，一味地批评甚至打骂绝对不是好方法，孩子的慢性子并不是天生的，我们要对症下药，逐渐帮孩子改掉拖沓的坏习惯。

1. 为孩子树立竞争对手

父母可以帮孩子设定处理事务的竞争对手，甚至可以直接把自己作为孩子的比赛对象，利用孩子的好胜心理加快处理事务的效率。

2. 让孩子为自己的磨蹭付出代价

孩子只有在体会到磨蹭会给自己带来损失之后，他才能够自觉地快起来，因此，让孩子为自己的磨蹭付出代价，让孩子自己去品尝磨蹭的自然后果，不失为一个改掉孩子磨蹭毛病的好方法。

3. 指导孩子按照任务的轻重缓急安排学习顺序

孩子往往分不清自己要做的事情的重要程度，他们的事情往往是由父母和老师来安排的。这是造成孩子不善于利用时间的一大原因。

事实上，只有充分认识到自己要做的事情与自己的关系，才有可能把这些事情都处理好。父母可以指导孩子每天把自己要做的事情按照重要程度和紧迫程序排列顺序，分为以下几类：

第一类是重要而紧迫的事情，如考试、测验；

第二类是紧迫但不重要的事情，如完成家庭作业；

第三类是重要但不紧迫的事情，如提高阅读能力；

第四类是既不重要也不紧迫的事情，如果时间不允许可以不做。

如果孩子能够按照这个顺序来安排学习任务，可以保证把重要的事情都完成，把学习安排得井井有条。

对于读书这种事，应该让孩子明白是最重要而紧迫的。苏联教育家苏霍姆林斯基曾经说过：要学会强迫自己天天读书，不要把今天的工作搁到明天。今天丢弃的东西，明天怎么也补不上了。

对于玩耍、逛街等事情，父母要教孩子在做这些事情之前，先问问自己："我有必要做这件事吗？""做这件事会花我多少时间？""有没有比这件事更重要的事情需要我去做呢？"通过这种事前思考，可以帮助孩子少做一些不重要的事情，从而提高时间的利用率。

4. 让孩子自由支配时间

家长可以把孩子的时间可分为两部分，以学习为例，学习的时间就应该分为：常规学习时间和自由学习时间。常规学习时间是指上课、完成作业、消化当天所学新知识。一般由学校安排受老师支配、控制，大部分同学能充分利用这部分时间。自由学习时间是指上课和完成作业后归自己支配的学习时间，如自习课、早晨、晚上、双休日、节假日等。制定计划主要是安排好自由学习时间，学生成绩的好坏很大程度上是对自由学习时间的利用效率，制定一个切实可行的学习计划就是把自由学习时间充分利用起来，合理安排好每天的学习时间。做事也是如此，有很多事情的完成时间都可以按照上述这样的思路分类，除了给孩子规定出常规的、必要的时间之外，还要给孩子一些灵活自由掌控的时间，并尽量在这段时间内激发孩子的办事效率。

第 5 章

Chapter 5

打破传统思维，未来需要创造力

教育的首要目标是培养出有创新能力的人，而不是重复别人学过的知识。我们并不需要培养多少高分的孩子，也不需要培养一个学习的机器，我们要培养有创造力和想象力的孩子，这样孩子们在将来才不会被机器所取代，才不会在时代的变革中被淘汰。孩子的创造力就像是宝藏，需要我们去挖掘和保护，尊重孩子的想法，千万不要让成人的固化思维磨灭了它。

为未来而育

① 人人都是天生的冒险家

科学研究表明，人类从出生到5岁之间，即生命开始的前5年，是冒险最多的阶段，学习的能力远比往后数十年更强、更快。试想，一个不到5岁的幼儿，整天置身于从未经历过的环境中，要不断地自我尝试，学习如何站立、走路、说话、吃饭，等等。这个阶段的幼儿，无视跌倒、受伤，视一切冒险皆为理所当然，也正是因为如此，幼儿才能茁壮成长。

前几年，我们参观了山东一所幼儿园，那所幼儿园以各种户外体能器械而远近闻名，幼儿园院内充满了高难看似危险的各种攀爬、游戏的器械，幼儿园的孩子们生龙活虎。但事故率反而非常低，是因为孩子们在这种环境中已经练就了非常好的抗危险的平衡臂力、腿力、身体协调、灵活反应等能力。

尝试，是人们走向成功的必经之路。没有尝试，就不能发现失败的根源，更不能找到成功的大门。尝试给人带来的是对事物更为深刻的了解，是经验的积累。

在教育孩子的过程中，培养孩子勇于尝试，是必不可少的一步。孩子有时会拒绝尝试新的或他们认为困难的事，但如果父母能启发他们找到解决问题的方式，或帮他们将目标确定成"试一试"，孩子的内心会轻松许多。如有启发性地问孩子"你觉得该怎么办呢"，允许孩子在尝试的过程中犯错误和改正错误，即便是尝试中失败，也要让孩子觉得从中有所收获。只有这样，才能使孩子学会自我调节心态，克服困难去追求下个目标。

孩子在成长的过程中，会经历许多人生的第一次，必然要尝试许多事情。只有放手让孩子大胆地不断尝试，他们才会获得生活的体验与成功的喜悦。如果父母出于保护孩子的目的，而剥夺了孩子尝试的权利，那么，孩子就永远无法迈出第一步，更无法取得进步。

给孩子多多提供尝试机会是实施挫折教育的一个有机组成部分。原因很简单：孩子一旦被剥夺了尝试的机会，也就等于被剥夺了犯错误和改正错误的机会，因此也就不可能迈向成功之路。

父母应该鼓励孩子去尝试他们从未接触过的事，不必事事包办，许多事情孩子自己完全可以做得很好，应该放心让孩子自己去做，让孩子认识到自己能行，这才是最重要的。

对于孩子来说，尝试和探索都是一种学习的机会，只有在不断的尝试和探索中，孩子不断地学习到为人处世的各种方法，增强孩子的自信，提高孩子的能力，促使他向更高的目标迈进！

丹麦著名哲学家恺郭尔说过：冒险就要担忧发愁，但是，不冒险就会失落自己。

现代社会是离不开冒险精神的。许多表面上看来不可能的事情，只要你有胆量去做，并且付出自己的努力，它可能就会给你带来意想不到的成功。喜剧表演家卓别林在他的自传中写道："要记住，历史上所有伟大的成就，都是由于战胜了看来是不可能的事情而取得的。"21世纪是一个充满机遇和挑战的社会，是一个需要人们不断开拓创新的社会，也是一个要想成功必须冒险的社会。只有敢于探索、敢于尝试的人，才能享受真正的激情人生。

② 开发孩子的想象力比学习知识更重要

儿童的世界是充满想象甚至幻想的。那是一个斑斓的世界，物我两忘，一切皆有可能。而这种想象力，正是创造的源泉。

想象力是天然地植根于儿童内心的。如果我们的教育能够关注它，呵护它，它就能够慢慢地长大，成为一个生机勃勃的创造主体。相反，如果我们漠视、摧残它，它就会慢慢地枯萎、凋谢。丧失了想象力，孩子也会渐渐对世界失去兴趣，对创造失去兴趣。

我们幼儿园的教室是用通透的大玻璃和原木色搭配，看起来十分温馨，我们与大多数幼儿园花花绿绿的风格截然不同。幼儿园是小朋友们长期学习生活的地方，每天在10个小时以上，需要安静温馨、包容纯天然的元素滋养他们的心性。

有很多幼儿园老师们通常都会加班加点做大量手工等装饰品来点缀环境。我们认为幼儿园不需要老师的作品,老师应该把精力和时间用在如何把儿童作品和课程元素呈现出来上。有温度有内容的儿童元素,每一个呈现都与儿童有关系。每一个儿童元素都有他们的故事,而不是简单地复制。

我曾经看到这样一个故事:

"弯弯的月亮……"幼儿园里传出孩子们清脆的读书声。

"大家想一想,月亮像什么呢?"

班上顿时活跃起来了,学生七嘴八舌地开始讨论。

"弯弯的月亮像两头儿尖尖的小船。"

"弯弯的月亮像镰刀。"

"圆圆的月亮像车轮。"

"圆圆的月亮像银盘。"

这时,靠窗边的小男孩出神地望着窗外的天空,小手还不时比画着。

"圆圆的月亮像月饼,弯弯的月亮像吃剩下的月饼。"被点到的小男孩脱口就答。

孩子们哄堂大笑,这时孩子的脸立刻变得通红,小手里满是汗水,不停地在衣服上蹭着。老师只简单地说了一句:"坐下吧。"孩子再也承受不住,眼泪不由得流了出来。

时光飞逝,二十年之后,孩子站在了幼儿园的讲台上。

"弯弯的月亮,蓝蓝的天……"

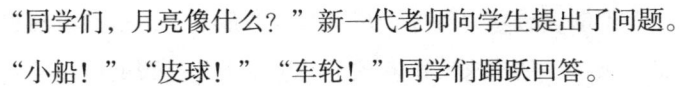

"同学们，月亮像什么？"新一代老师向学生提出了问题。

"小船！""皮球！""车轮！"同学们踊跃回答。

一个小女孩见别的同学都在举手，她也微微地抬起了小手。

老师请小女孩回答。

小女孩说："像……像豆角。"同学们哄堂大笑。

老师心口一酸，他想起了小时候自己的回答。老师微笑着说："你说得很好，很有新意。"

又是二十年过去了。在他退休那天，他收到一位女作家的来信：

谢谢您，老师！感谢您在我小时候给我的帮助，您肯定了我的"豆角月亮"，激励我勇敢地发挥想象力，发挥创造力。正是您当时的鼓励，我才有今天的成就。

可见，人的想象力是无限的，家长如果在孩子小时候能培养出他善于想象的习惯，那么等他长大以后就会发挥出无限的创造精神，定会使你的孩子获得更大的成功。

我们一定要保护孩子的想象力，不要扼杀了他们的奇思妙想和发散思维。

有研究表明，如果一个人在小时候想象力得不到好的发展，孩子非但不能成为诗人、小说家、雕刻家、画家，而且也成不了建筑家、科学家、法律学家、数学家。有人觉得当数学家或科学家就用不着想象，实际上并不是这样的。想象力对于任何人都是很重要的。发明家能够发明机器，学者能够发现真理，建筑学家能够设计出经典的建筑物都离不开想象力的发挥。拿破仑曾说过："想象支配着整个世界。"

一个缺乏想象力的孩子是不健全的孩子，扼杀孩子的想象力就是扼杀孩子的未来，培养孩子的想象力就是帮助孩子成才。所以，家长应学会利用身边的一切资源来发挥孩子的想象力，给孩子的思维插上翅膀，让其在天空自由地翱翔。

亲爱的父母和老师，你的孩子，可能就是爱迪生，可能就是毕加索。不要轻易嘲笑他们的梦想，扼杀他们的想象，粉碎他们的"杰作"。要学会为他们喝彩！

③ 开启孩子的创造力

创造力被誉为人类智慧最杰出的表现和人类文明的动力源泉。创造力与孩子的成长密不可分，对孩子的成长起着重要作用。孩子正处于创造力的萌芽阶段，此时的他们对周围的环境有着强烈的探索欲望和好奇心，更有着强烈的创造力。父母对于提高孩子的智力都非常注重，而创造力也是智力的一种。

有不少孩子读书很用功，各门功课背得滚瓜烂熟，但遇到具体问题需要发挥创造力去具体对待时，却傻了眼。这些学生，往往考试时能考出非常好的成绩，但长大后走上工作岗位后，却往往落后于人。这就是我们常说的"高分数，低能力"的现象。而有些学生，尽管看来成绩平平，但却能在需要发挥创造力的地方大显身手，走上工作岗位后常常表现出非凡的创造精神，这就是创造型人才。

可以说,创造是思维能力的一种,但是,它并不是漫无边际的,也不是天马行空式的想法,而是一种具备创造性、发现性的能力,它能够帮助人更好地去适应新的环境,它是一个人智力表现的重要方面。

对于孩子来说,创造力是他的天性,孩子有没有创造能力主要是看父母能否正确地引导、开启孩子的创造力。比如,当孩子觉得自己可以把玩具改造成另外一个造型的时候,他就会动手去做,这就体现了孩子的创造力。这个时候,如果父母对其"改造"可以用赞赏的眼光去看的话,就是在开启孩子的创造性;如果父母用反对的态度对待孩子的"改造",认为孩子在毁坏东西的话,就是在打击孩子的创造性。

实际上,孩子总是在向父母传递自己想要成为谁的信号,有时候孩子的闪光点和独有的天赋其实就在我们的眼皮底下,但更多的是被我们无情的忽视抹杀掉了,比如满墙乱涂鸦的孩子或许就是美术家,虽四肢不协调但语言表达能力丰富的孩子可能会变成鼎鼎有名的作家,学习倒数的孩子情商却超出好多人,长大可能会成了不起的企业家……而往往这些却无形之中遭到了父母的嫌弃和指责。

还有的家长把孩子带到游乐场一玩就是一小天,孩子在限定的空间自己玩耍,而作为父母的我们呢?眼里可能只有属于自己的电子产品。真正释放天性的玩耍应该是无忧无虑接触大自然所赐予我们的万物宝藏,如去搭建石头创造属于自己的城堡、用泥巴做一个赛车场地,可是这些最适合孩子的户外活动,却往往被我们成年人所制止和干涉，怕孩子身上脏，怕细菌进入体内，担心孩子受伤等一切的顾虑。其实孩子的玩耍和我们大人的工作是一样的，孩子们是有这个能力的，也要获得大人放开手给孩子提供最适合他们的良好环境，最大限度地发挥环境带来的巨大影响和用金钱无法衡量的重要体验。

激励孩子去探索学习比一味地灌输认知更重要，在探索的这条路没有人能代替你完成这件事，唯有自己在这条路充满自信地一直走下去。在现在竞争压力如此大的今天，孩子的创造力显得尤为重要，创造力能让孩子们精神抖擞，积极努力，乐于接受挑战。

为未来而育

④ 好奇心是孩子的天性

孩子常常会指着那些新奇的东西,问这是什么,那又是什么,为什么会这样……这些让他们表现出极大兴趣的新奇事物,很有可能就是我们习以为常的东西。

可不能小看孩子们的这些奇思怪想,这中间往往蕴藏着不可预测的潜能。所有的动力原型都是对知识的新鲜感,即好奇心,好奇心是人获得智慧的关键。保护孩子的好奇心,就是保护孩子的未来幸福。

好奇心是孩子们的天性,也是他们敢于探索新知,敢于创新的动力。

每个孩子在成长过程中难免会出现很多破坏性行为。对孩子的破坏性行为,家长应该冷静,不应该马上制止。孩子的这些破坏行为，对孩子成长来说，并不完全是坏事。孩子会在行为中去思考，才能产生想象力和创造力，千万不要阻止孩子的好奇心。

作为父母，让孩子在安全的条件下适当地"破坏"，自由地探索、发现与学习，混乱一点又何妨？

有这样一个故事：

世界上第一架飞机的发明者莱特兄弟，小时候是一对富有好奇心的孩子。有一次，兄弟俩在大树底下玩，两人产生了爬上树去摘月亮的想法。结果，当然不仅没有摘到月亮，反而把衣服都钩破了。他们的父亲见此情况，不仅没有责骂他们，而是耐心地教导他们。

在父亲的引导下，兄弟俩日夜为制作能骑上天的"大鸟"而努力。这期间，父亲不失时机地买了一架酷似直升飞机的玩具送给他俩，这更加激发了他们制造升空装置的强烈兴趣。他俩不断地学习升空技术方面的知识，翻阅了大量有关飞行的资料。在父亲的鼓励下，经过多次试验，兄弟俩终于发明了世界上第一架飞机。

其实，我们也应该像莱特父亲那样，注意倾听孩子的问题、想法，尊重孩子的观点，积极地引导孩子的好奇心，培养孩子独立思考、探索新知的能力。这样，孩子就能在不断地发现和思考中增强创新能力。

孩子的好奇心，能够激发孩子的学习欲望和热情。

强烈的好奇心能使孩子产生学习的兴趣。孩子只有对学习产生了兴趣，才能从学习中体验到快乐，才会热爱学习，并主动学习。

为未来而育

诺贝尔物理学奖得主、美国加州理工学院物理系教授查德·费曼天生好奇，自称为"科学顽童"。他十一二岁就在家里开辟了自己的实验室。在那里做马达、光电管等小玩意，还用显微镜观察各种有趣的动植物。当他到普林斯顿大学念研究生的时候，他仍然保持着这样的好奇心。

他还在其著作《别闹了，费曼先生》（Surely You're Joking, Mr. Feynman）一书中讲述了自己在念研究生时发生的一件事。为了弄清蚂蚁是怎样找到食物，又是如何互相通报食物在哪里的，他着手做了一系列实验，如放些糖在某个地方，看蚂蚁需要多长时间才能找到，找到之后又如何让同伴知晓；用彩色笔跟踪画出蚂蚁爬行的路线，看究竟是直的还是弯的。正是这些实验使他知道蚂蚁是嗅着同伴的气味回家的。

可见，费曼先生在物理领域取得的巨大成就与他强烈的好奇心不无关系。父母要想使自己的孩子也对学习产生兴趣，就应该保护孩子的好奇心，鼓励他们在满足好奇的过程中获取知识。

哈佛大学校长陆登庭说："如果没有好奇心和纯粹的求知欲为动力，就不可能产生那些对人类和社会具有巨大价值的发明创造。"

好奇心是每个人学习和探索的动力。失去了好奇心，人就像一潭死水一样，没有了活力。而孩子纯真的好奇之心，则是开启孩子智慧大门的金钥匙，如果父母能够对孩子的好奇心加以保护，定能形成燎原之势，照亮孩子学习和成长的道路，成就精彩人生。

⑤ 让孩子勇敢地去尝试

尝试，是人们走向成功的必经之路。没有尝试，就不能发现失败的根源，更不能找到成功的大门。尝试给人带来的是对事物更为深刻的了解，是经验的积累。

我们应该从小马过河的故事中获得启发。

有一匹小马去看外婆，一条河拦住了路。小马不知道水是深是浅，就在河岸上犹豫不决。

这时候，来了一只小兔子。小马就问它："小兔子，你能告诉我，这条河深不深啊？"小兔子一听，就喊着说："啊，你要过河？可千万不要！这条河可深了，前几天我弟弟掉进河里，差点就淹死了！"

小马一听，害怕极了，更不敢过河了。这时候，又来了一头老黄牛,小马就又问它:"黄牛啊,您能告诉我,这条河深不深啊?"老黄牛笑了,说:"一点也不深,刚刚到我的小腿!"

小马迷惑了,到底是深呢,还是浅呢?站在那儿,不知道如何是好。这时候,它的外婆来了,看见小马就问:"你怎么不过河啊?我都等你半天了。"小马把兔子和黄牛的话告诉了外婆。外婆就笑着说:"笨孩子,你为什么不自己试试呢?"小马明白了,就大着胆子,走到河水中。结果发现水刚好到它的膝盖,既不像小兔子所说的那样深,也不像老黄牛说的那么浅!

这个故事说明,做任何事,只听别人的,自己不去尝试,就不知道这事好不好做,自己能不能做。亲自尝试是什么都代替不了的。

人生就是这样,只有不停地尝试,才能成功,不要让自己陷入自己的局限,每个人都不知道自己能成为什么样的人,所以只要我们决不放弃,不停地尝试,敢于尝试,奇迹是可以发生在我们身上的。

在教育孩子的过程中,培养孩子勇于尝试,是必不可少的一步。因为人一旦失去了尝试的勇气,就失去了所有的一切。

在孩子想要尝试做某件事情的时候,父母首先要用赏识的眼光看待孩子,鼓励孩子尝试一下,父母可以说:"你去试试吧,相信你能够做好的。"这样不断鼓励孩子去尝试,孩子才能在尝试的过程中获得成功的体验,树立信心。

索因卡是尼日利亚剧作家、诗人、小说家、评论家,也是第一个获得诺贝尔文学奖的非洲人。他出生于一个知识分子家庭,父亲是当地教会学校的校长,这使他从小就受到了西方和非洲传统文化的教育。

索因卡的父亲是个戏剧迷，一有空就会带着小索因卡去剧院观看戏剧，索因卡从小受父亲影响，也深爱戏剧。时间一长，剧团里的名角及所演的代表戏剧，小索因卡都如数家珍，甚至戏剧里的某一段台词，他都背得滚瓜烂熟。

有一次，一个剧团正在进行演出，最先出场的是一个比索因卡大不了多少的小演员。这个演员是一个名角，刚一出场就赢得了观众的掌声。但是，这次他没有很好地发挥，他的嗓音沙哑，眼神呆滞，刚表演片刻就晕倒在地了。演员晕倒了，表演不能往下进行了，剧场里一片混乱，剧团的团长急得抓耳挠腮。

台下，小索因卡和父亲也在焦急地等候。这时，周围认识他的人对他开玩笑地说："索因卡，你去试试，一定行。"

小索因卡心中一动，他想：对啊，这个剧目早就很熟悉了，台词也烂熟于心，何不去试试，肯定不会冷场。

渐渐地，周围的人不再是开玩笑，而是认真地提议，让他去试试，小索因卡扭头看了看父亲，希望得到他的支持。父亲微笑着说："如果有把握，就去试试看，这是一个难得的机会。"

"爸爸，你难道不反对吗？"

"那是你自己的事情，你应该学会自己做主，自己拿决定。不管怎么样，试一试还是有好处的。"父亲对他说。

于是，台下便有人冲台上喊道："演员已经有了，请欢迎索因卡上台表演。"就这样，小索因卡在父亲的鼓励和观众的簇拥下走上了舞台。

剧团团长看了看小索因卡，起初还有些犹豫，但是看到观众都极力推荐他，又实在找不到临时演员，也就答应让他试试。

尽管小索因卡开始时有些紧张，但当他熟悉了舞台后，便忘掉了周围的一切，全身心地投入到了情节中。他的动作由稚嫩变得娴熟，感情也越来越投入了，一下子征服了观众。

从那以后，小索因卡对戏剧的爱好更强烈，知名度也越来越高，长大后成了一名杰出的戏剧作家。这一切与他父亲当时的支持和鼓励是分不开的。

孩子在成长的过程中，会经历许多人生的第一次，必然要尝试许多事情。只有放手让孩子大胆地不断尝试，他们才会获得生活的体验与成功的喜悦。如果父母出于保护孩子的目的，而剥夺了孩子尝试的权利，那么，孩子就永远无法迈出第一步，更无法取得进步。

对于孩子来说，尝试和探索都是一种学习的机会，只有在不断的尝试和探索中，孩子不断地学习到为人处世的各种方法，增强孩子的自信，提高孩子的能力，促使他向更高的目标迈进！

1. 多鼓励和表扬

对孩子要多鼓励，多肯定，经常鼓励他："你能行！"帮助他树立信心。即使做错事，也不应粗暴禁止，当众训斥和羞辱，否则会使孩子自暴自弃。

2. 培养孩子的独立性

家长应鼓励孩子做力所能及的事情，帮助孩子实现那些合理而又可能达到的愿望，不要过多地限制和包办，但不可勉为其难。让孩子保持良好的心境做喜欢做的事，对消除孩子的懦弱感是一个自然而有效的方法。

3. 给孩子尝试的勇气

孩子有时会拒绝尝试新的或他们认为困难的事，但如果父母能启发他们找到解决问题的方式，或帮他们将目标确定成"试一试"，孩子的内心会轻松许多。如有启发性地问孩子"你觉得该怎么办呢"，允许孩子在尝试的过程中犯错误和改正错误，即便是尝试中失败，也要让孩子觉得从中有所收获。只有这样，才能使孩子学会自我调节心态，克服困难去追求下个目标。

4. 为孩子提供尝试的机会

给孩子多多提供尝试机会是实施挫折教育的一个有机组成部分。原因很简单：孩子一旦被剥夺了尝试的机会，也就等于被剥夺了犯错误和改正错误的机会，因此也不可能迈向成功之路。

第6章
Chapter 6

为未来而教，为未来而学

在培养孩子的过程中，我们需要以长远的视角来预测未来社会的需求，而不要局限于30年前的教育观念。我们需要以一种新的视角来看待教育，在教育中既关注已知，也关注未知，要秉持着"为未来而育"的态度，培养孩子更好地适应未来。

为未来而育

① 自然教育成为新的"治愈方式"

自然教育，是让体验者在生态自然体系下，在劳动中接受教育；是解决如何按照天性培养体验者，如何培养体验者释放潜在能量，培养如何自立、自强、自信、自理等综合素养的同时，树立正确的人生观、价值观，均衡发展的完整方案；是解决教育过程中的所有个性化问题，培养面向一生的优质生存能力、培养生活强者的教育模式。

自然教育的方法之一，就是在孩子与动植物之间建立起一个"神秘的微妙关系"，然后通过这种主动的自发教育，让孩子逐渐有能力预见到接下去会发生什么。比如，我们让孩子种下一粒种子，然后观察它发芽、长大、开花、结果的过程；让孩子给正在孵蛋的母鸡喂食，然后见证小鸡的诞生；让孩子观察兔笼里一对寂寞的大兔子，然后在某一天突然发现笼子里多出了一只活泼的小兔子，等等。这样，孩子们不仅能建立起自己与这些动植物的联系，也能初步掌握事物之间的因果关系。而且，这一过程能让孩子们产生强烈的自豪感，让他们内心的情感更加细腻，因为他们参与了这些生命的诞生与成长。

密歇根大学心理学研究室发现，人的记忆力和注意力时长会在与大自然互动一个小时后增加20%，无论是在阳光明媚的晴天还是寒冷的冬夜，这个益处都是存在的。

这项研究的结果表明，确保学生在学习和发展的过程中能充分接触大自然很重要，特别是那些患有儿童多动症和其他注意力障碍的学生。

科学家们还认为，相对于成年人来说，儿童更要多亲近大自然。华盛顿大学环境学院的凯斯林·沃尔夫说："如果儿童在很小的时候没有用足够的时间去体验大自然，那么随着年龄的增长，他们就不会形成适当的免疫功能来保护自我。"

自然教育就是带孩子回归大自然，高效温馨地陪伴孩子。让孩子去听虫鸣、鸟唱，去观察植物的生长、花朵的凋谢、果实的成长，去感受四季的变化，自然便用它奇妙无穷的力量，让孩子们的感觉力、观察力、探究力、审美情趣以及自然情怀等无限延伸。自然教育能让孩子们了解自然之美，理解生态系统、自然规律，了解生命的意义，以平等的视角去观察和理解自然，从而产生保护它的意念。人与自然必须是和谐统一的，艺术、美术、舞蹈的高级境界都需要自然给予养分和灵感。

人类原本来自大自然，可是现在我们的身体和大自然越来越远。孩子们的身体出现各种问题，对此，有专家提出自然教育是疗愈孩子"手机病"的最好办法，将孩子送到泥巴地里、鸡鸭栅栏边、森林里、草地上，送到阳光照耀雨水浇灌的自然界，不仅能治疗孩子的"自然缺失症"，还能促进孩子视觉、听觉、嗅觉、味觉、触觉这五感的发展，使之拥有更加健康的人格、心灵，为未来发展蓄力。

我们幼儿园装修的时候，凉亭原本设计的是方木，我坚持用原木，人工雕琢的痕迹相对更少，保留更多的野性。通常，幼儿园都是横平竖直的操场，被修剪的草坪或人造草。我们幼儿园纯天然绿色，有一片野草野花丛生的绿地没有被开垦，我一直坚持保留。一种草给孩子的感官刺激和十多种野花野草给予孩子们的感官刺激是没法比的。在户外进行非机构化的、自由的游戏和社交，对于孩子来说非常好。最重要的是，大自然这所疗养院的"绿色药方"还另有长处：它无副作用，不留痕迹，价格低廉，随手可得。

自然教育给孩子带来的是一种天赋教育，是爱的教育，是造就人本身的教育，是利用自然本能，自然发展个体的教育。

❷ 每个孩子都是天生的艺术家

周海宏教授一场精彩的演讲深深震撼了我,演讲的题目是《艺术到底有什么用》。他说,艺术到底有什么用?就如问别人"为什么要喝酒"的性质是一样的。艺术不仅仅增强审美,提高修养,陶冶情操,还能够培养我们的感性素质,提升感性智慧,美化我们的生活。感性素质是感觉幸福的能力,不管你多富有,社会地位多高,感性素质低还是感觉不到幸福。感性素质的培养,要通过艺术教育来实现。

真正的艺术家都是博学的,有丰富的知识,不仅多才多艺,而且充满智慧,他们有思想也有生活的乐趣,真正有意义的教育,应该着力于对孩子本身的培养,应该以合理的方式开发出他们潜在的能力。

为未来而育

毕加索说："我能用很短的时间就画得像一位大师，但我却要一生去学习画得像一个孩子。"因为每个孩子天生就是艺术家，他们完全凭自己的感觉，向这个世界展示自己的内心。对于孩子们来说，绘画是一种游戏。儿童绘画的实质是儿童的自我表现，它反映的是儿童的认知过程。随着语言能力和思想认识的提高，儿童会对周围的事物充满好奇，这个时候他们需要通过画画这一途径来表达自己的感受，这也就是兴趣的表现。兴趣是儿童绘画的内在动力。

儿童把绘画作为他们游戏中必不可少的组成部分，绘画对儿童的感知能力、记忆能力、想象能力和创造性思维的发展起着重要的促进作用。

当儿童有了表现自身生活欲望的时候，就会产生真正属于儿童自己的绘画。儿童绘画是人类从事艺术活动的一个特殊阶段，它伴随儿童成长，反映儿童的天性，表现儿童思维活动，是儿童用于表达思想感情的特殊视觉语言。

我们在观赏儿童的绘画作品时，能强烈地感受到儿童在绘画中所体现的那种童真童趣以及他们的拙稚美，这也是我们在成人绘画中所感受不到的，所以有那么多艺术大师毕生都在追求着那份纯粹天然的创造力。

孩子们不但会用图画表达关注的事情，也会通过图画记录自己的成长。将情绪以象征的手法在图画里诉说。孩子的绘画会经历几个不同的时期：

一、婴幼儿阶段，孩子的"信手涂鸦"

正如我们用的词语"信手涂鸦"一样，在婴幼儿时期，也就是孩子1~2岁的时候，他们往往会喜欢乱涂乱画，这个时候他们很少有在思维上的突破，更多的是在动手能力上的探索。这个时候我有一个建议，我们要立规则，我们在家里可以给他找一个专门的空间，贴上大白纸，告诉他这个地方是可以画的，其他地方是不可以的。有的时候他可能会忘记规矩，因为这个时候小还记不住太多东西，大家多提醒几次就好了。通过这样一种视觉的经验和体验，我们小朋友就会画出和我们想象当中的形态越来越接近的东西。

二、2~4岁阶段，孩子喜欢有目的的"涂鸦"

之所以把2~4岁的孩子称为开始"有目的"涂鸦，是因为在婴幼儿时期动手能力的训练之下，孩子具备一定的能力去学习和了解，也就是在思维和经验上的补充，这将有助于孩子提高在绘画上的兴趣和技能，所以他们会开始慢慢地因为某种原因而特意去画一些东西。

三、4~7岁阶段，开始有象征性的绘画

发展到这个阶段，说明孩子基本上可以独自思考了，面对一些状况具备独立解答的能力了，那么借用画画这一手段，他会把自己的想法融入其中。

从一开始的涂鸦发展到了比较高级的视觉显示的阶段。其中很重要的原因是他自己认知能力的发展。有些小朋友画画当中他会采用不同的观察策略，我们可以观察孩子画画的时候，他们有的时候会看一眼就不再看了，开始埋头画画了。还有的孩子是边看边画，这个对他画出的东西就会有很大的不同。小朋友的记忆力、画画时的计划性，还有他的组织性等方面，都会影响到他作品呈现的样子。另外，小朋友在发展过程当中还会有很多社会经验。老师的一些引导和小朋友的讨论，包括他对作品的欣赏等等。但是在发展的这个过程当中，最核心的一个推动力是小朋友自己的表征洞察力，指的是小朋友知道原来我可以用形状代表生活当中可以见到的各种各样的事物。另外一方面，他能够产生我想画一个东西的愿望，并且找到方法把这个想法转化到画面上。这是他的表征洞察力非常重要的一个方面。

在儿童发展过程当中，随着表征洞察力的增长，他的绘画能力也是逐渐增强的。孩子也在不断地寻找一些表达的方式，能够更好地表达他对世界的认识，他在寻找很多不同的方式。正是由于这两种来自儿童自身的推动力，会促使着儿童的绘画不断向前发展。

所以，在短短的几年时间内，孩子就发生了脱胎换骨的变化。儿童绘画的发展，需要经历一个比较长的时间，从一开始的涂鸦发展到画得越来越像。所以对孩子的作品，他画得像不像这个事情不要太看重，这是它发展的一个必然经历和结果。家长们一定要理解，要静待花开。

首先，我们一定要了解儿童画的发展特征，一定要学习才能理解。其次，家长一定要尊重孩子的天性和他们的表达方式。第三，千万不要过早地框住孩子画画的表征方式，否则他们自我发挥的天性就会被扼杀。

记得我儿子上幼儿园时，有一天带回来一幅画着海鱼的画，线条清晰，涂色均匀，非常典型的有波浪、海草、带交叉尾巴的几条鱼。从老师手里接过来我都无比骄傲自豪,后来让他自己在家里画,他却怎么也画不出来。还因此对他发火,小小地惩罚了他,现在想来真是心痛自责。我们就是这样,经常会遇到自己控制不了的,即使在日常生活中处理一些小事都可能会不知所措,常常用不理智、无知的方法对待,而事后又为自己的无能粗暴后悔自责。我之所以后悔当初训斥儿子,至今仍然耿耿于怀,就是因为我的无知伤害了他。现在想来我儿子之所以在幼儿园能画是因为照葫芦画瓢,离开了原素材就什么都画不出来了,真正的艺术需要自我表征,自我创作。儿童是天生的艺术家!

所以,我想对家长朋友们说,首先,我们一定要了解儿童画的发展特征,一定要学习才能理解。其次,家长一定要尊重孩子的天性和他们的表达方式。第三,千万不要过早地框住孩子画画的表征方式,否则他们自我发挥的天性就会被扼杀。

首先要丰富孩子的经验,就像艺术家创作需要采风一样。孩子的创作也需要知识经验作为他们的食粮,所以我们需要提供各种各样的方式,让他们去探索图形,探索颜色,探索线条。在这个基础之上,我们还要提供支持,让孩子去运用这些东西,让他们把这些技能变为真正属于自己的东西。观察能力是儿童画画当中非常重要的一个能力。但是观察涉及很多感官的共同作用。所以我们经常会给孩子提供一些食物,让他们摸、闻、品、尝。这是他们自己观察和体验之后画得非常生动的图画。除了观察力以外,我们还要设计一些活动去支持小朋友想象力的发展。

天真、大胆、夸张、浪漫、率真,儿童在绘画时无拘无束,没有任何条条框框的阻碍。他们的画稚拙、梦幻,甚至荒诞,有着天马行空的想象力。没有了太多视觉惯性的束缚,拿起画笔时,他们就站在了原创的高点。

儿童就是天生的艺术家!下面展示一下我们幼儿园孩子原创的作品,前三幅图为幼儿们观察幼儿园里结的葫芦后画的图画,详见下图1—图3。

图1 张子骏小朋友作品

图2 Timi小朋友作品

第 6 章 | 为未来而教，为未来而学

图3　丛梓微小朋友作品

学习音乐、绘画，是开发孩子大脑潜力最有效的手段。孩子们在学习中能享受无穷的乐趣，而且还会从中增长知识，获取对生命和人生的感悟。如果一个孩子有幸生长在这样的氛围之中，他一定会有一个健全而灵敏的头脑。

我们要采取的教育方式，首先要能唤起孩子的兴趣，然后再适应其兴趣，进行恰到好处的教育。

下面几幅图为幼儿通过观看小蝌蚪找妈妈的故事后创作的图画，详见图4—图6。

图4　李梦冉小朋友作品

图5　早早小朋友作品

图6　IVY小朋友作品

③ 让孩子优秀，先培养开放式大脑

全球知名脑科学家丹尼尔·西格尔和蒂娜·佩恩·布赖森，对1200多个健康人脑长期研究后发现，孩子优秀与否根本的区别在于他们的大脑是开放式的还是防御式的。我们大脑中有一种特别的神经回路——社会参与系统，它靠大脑的前额皮质把其他脑区连接起来运作激活，使得我们的大脑处于接纳、开放的状态。好奇心、复原力、同情心、洞察力、开放性和问题解决能力，甚至道德感等这些高级思维都依赖于它。因此，我们想要培养一个真正优秀的孩子，第一步就要先帮助孩子培养开放式的大脑。

开放式大脑和防御式大脑带给人最直接的差别在于，面对相同的处境时有着截然相反的表现。例如，开放式的大脑面对失败时，会把它当作在挫折中学习，但防御式大脑就会把失败当成天大的困难；开放式的大脑面对挑战时更灵活，能够接受互相妥协的解决方法，而防御式大脑面对挑战会充满焦虑，无法应对；开放式的大脑对新鲜事物充满开放、好奇，勇于探索，而防御式大脑会习惯性抗拒新知识，抗拒他人的建议和观点；开放式大脑处理人际关系融洽自如，防御式大脑处理人际关系刻板固执；开放式的大脑面对世界平静自若，以开放的态度面对生活中不顺心的事情，而防御式大脑却难以应对世界，充满了焦虑、竞争和威胁。

因此，想要让我们的孩子更优秀，我们就需要帮助他们培养开放式大脑。

平衡力、复原力、洞察力、共情力，这四项特质相互配合，是形成开放式大脑缺一不可的条件。那么，我们如何发展孩子的开放式大脑，使其拥有四项关键特质呢？

平衡力：强烈的情绪袭来时，具有平衡力的孩子知道如何调节自己的情绪和身体反应，即使心烦意乱，依然能作出明智的决定。大脑中的交感神经系统和副交感神经系统，类似油门和刹车，协调人的情绪。年龄越小，协调性越差。用三色区聚焦情绪，绿色区让孩子平静，对身体和决定有控制力。如果孩子生气，则进入混乱疯狂的红色区或刻板封闭的蓝色区。进入哪个区不由孩子自主选择，基于25岁前神经可塑性强的特质，父母能帮助孩子回到并扩展绿色区。身体病了用药治，孩子情绪乱了，就应安抚情绪整合大脑，而不是吼孩子。

复原力：缺乏复原力的孩子在遇到困难时容易崩溃。具有复原力的孩子能克服困难，即使遇到挫折也不气馁。行为即沟通。

不要只想着消除有问题的行为，而应调动"内容耳朵""关系耳朵"，倾听孩子传递的信息，然后培养相应的能力。找到根源，才能"对症下药"根治问题。不要控制，要注重引导。孩子能力足够但不愿走出舒适区时，推孩子一把。孩子能力确实不足时，拉孩子一把。提升复原力，要帮助孩子建立牢固的依恋关系，这等于给孩子提供了安全基地，孩子知道即便探索失败也能回到基地，就会增加尝试的勇气和信心。另一种方法是培养第七感。第七感像我们体内的一个小监视器，能敏锐地感知我们和他人的情绪，使我们作出更好的决策，改善我们的人际关系。

洞察力：洞察力就是了解自己和自己情绪的能力。具有洞察力的孩子知道自己想成为什么人，自己在乎什么。教孩子洞察自己，可以告诉孩子，情绪发作时的自己是比赛正酣的球员，只专注比赛就失去了洞察力。换到观众的视角，跳出事外审视自己，能保持全局观。还可教孩子"暂停"。处于应激状态时，加入时间和心理的空间，缓冲一下情绪，能理智地选择如何应对情境，能避免情绪的火苗往上蹿成小火山。情绪是精灵，也是恶棍，不要压抑情绪，要表达出来，才有益于健康。

共情力：指能够理解他人的观点，关心他人，并在适当的时候采取行动，改善状况。上面3种能力是发展共情力的基础。有了这个基础，孩子才能够理解并关心自己与他人，品行端正，有道德。培养共情力，可带孩子接触不同背景的人，扩大关心圈。胸怀世界的孩子，有无须提醒的自觉、不被打扰的自律和永不枯竭的内驱力。丰富共情语言能提升共情力。应避免"你应该……因为……"这样的说教，人都反感被动接受指令。他人伤心时，先倾听,然后表达爱。提建议,有显摆智商优越感之嫌。最好是说说类似经历表达同情,伤心时最需要感同身受。

开放式大脑能使孩子感到踏实,更好地认识自己,灵活地学习并适应,带着目标感生活。开放式大脑不仅能使孩子在艰难困苦中生存下来,而且能使他们变得更坚强、更有智慧。

④ 在游戏中快乐成长

父母都希望自己的孩子能够具备"过人"的聪明才智,他们越来越注重孩子的智力发育问题,特别是启蒙阶段的智力开发问题。"不能让孩子输在起跑线上"成了家长们的共同心愿。

《早期教育与天才》的作者木村久一曾经说过:"生来具有一百度能力的孩子,如果在他一生下来就进行理想教育,那么他日后就可能成为具备一百度能力的成人。如果从五岁才开始进行教育的话,即使教育再好,日后也只成为具备六十度能力的成人。如果到了十五岁才进行教育的话,能力就只剩下四十度了。"看来,教育时间的早晚、方法的好坏,对于孩子能力的开发具有极其深远的影响。

3～6岁这个阶段是孩子成长发育的关键时期,也是孩子大脑发育的关键期。爱因斯坦说过，想象力比知识更重要，是知识进化的源泉。爱因斯坦所说的想象力就是我们常说的思维能力，思维能力体现了一个人的智力水平。人的智力潜能是无限的，而玩游戏是孩子的天性，在游戏中锻炼和培养孩子的思维能力，无疑是一种提高智力的最佳方式。

《准备》（*Prepared*）一书中有这样一个角色：布鲁迪正在读高中，他非常喜欢过山车。他不只是单单喜欢坐，他还热衷于制作过山车的模型，他想了解关于过山车运行的所有知识。他还亲手复制了一个过山车模型，有一米八高。而一切都是从布鲁迪小时候去一个朋友家玩开始的，他非常喜欢那个朋友的过山车模型套件。他要父母也给他买一个作为生日礼物，并在父母的帮助下组装起来。然后是第二个、第三个……布鲁迪组装的速度越来越快，他的母亲不得不去给他找一些二手的模型，因为全新的模型太贵了。后来，他的父亲带他去坐了一次过山车，自那以后，布鲁迪每周末都要求去游乐场玩。他开始在YouTube上浏览有关过山车的视频，学习一切关于过山车的知识。当他谈论起过山车的时候，就好像是一个兴奋的孩童和一位专业的过山车设计师的综合体。他对过山车的结构、安全性、设计理念和历史如数家珍，对于普通人来说，他就像是一位真正的专家，而他也不会觉得学习这些复杂的知识是一种负担，他反而很享受学习的过程，发自内心地感到快乐。

布鲁迪喜欢上过山车的时候只有八岁，但如果我们罗列出关于过山车的专有名词和概念，你会发现它们涉及众多的科目（物理、工程学、数学、建筑学、设计、政策和历史），囊括了从小学（基础重力）到大学（加速度和摩擦力）的各种知识点。布鲁迪的年龄和学术能力并没有限制他对知识的吸收，反而他可以通过多种渠道去学习，而每学到一定的知识，都有助于他在此基础上掌握更多的内容，让他的学习过程成为一个高效的良性循环。

许多孩子的兴趣爱好和快乐，都是通过玩获取的。然而很多父母认为，玩物丧志，所以千方百计地阻止孩子正常的娱乐，剥夺孩子玩的权利，强迫孩子学习，这不但达不到正常学习的目的，反而会让孩子对学习产生厌烦心理，从而躲避学习。

爱玩是孩子的天性，他们在玩的过程中可以认知世界，了解新鲜事物，学会独立思考，学会待人接物、为人处世；他们甚至可以在轻松愉快的环境中，获得学习方法和技巧，懂得成长的真谛和做人的道理。

只有当孩子有了兴趣时，才能取得事半功倍的良好效果。而唤起孩子兴趣的最好办法就是用游戏的方式进行学习，进行教育。在玩乐之中开始可以逐渐开发孩子的智力，因为孩子的注意力、观察力、记忆力、想象力、操作能力等都是通过游戏玩出来的。

在孩子的智力和心理发展过程中，观察力具有重要的意义。观察力的好坏直接影响孩子的智力智能发展。因此，要时时刻刻利用游戏对孩子进行有效的训练，让他的观察力得到快速的发展。经常参加各种活动，让他感受丰富的外部世界，丰富他的感性经验，让他养成乐于观察的习惯，在游戏之中对孩子加强语言指导，促使孩子用语言去分析已感知到的事物，以便有效提高和发展孩子的观察力。

游戏在孩子的心目中占有重要地位，只要游戏有浓厚的趣味，孩子们就会乐此不疲，全力以赴。注意力是伴随感知、感觉、知觉、记忆、思维、想象等心理过程的一种心理特征。注意力的集中和分散对孩子的发展影响非常大。

着重培养孩子的注意力，并且尽量把游戏做到有趣，这样才容易集中孩子们的注意力。在游戏之中尽力培养孩子的注意力、记忆力。记忆力是一切智慧的重要来源，在孩子心理发展过程中具有重要的作用。孩子通过记忆感知过去的经验，在大脑中留下印象，从而促进心理的发展。记忆力的差异主要表现在记忆速度、准确性、持久性和灵活性上。记忆对于孩子的个性、情感、意志等都有重要的意义。具体、直观、生动的形象会唤起孩子们对过去感知过而不在眼前的事物。经过不断地重复，他的记忆就非常完整和准确了。

在游戏之中，不仅注意培养他的观察力、注意力、记忆力，更要着重培养他的想象力和创造力，通过游戏让他对自己所体验的世界加深认识，让孩子自己构思主题，安排情节，分配角色，制定规则，让孩子自己去构思，去策划，去组织，去实施。在整个过程中，孩子的创造能力和解决问题的能力会得到充分的发展。在玩的过程中，孩子们相互协作，相互友好相处，相互协调，在一起出主意，想办法，孩子的协调能力也能得到很好的提高。在孩子的生活中，很多事情都会让他们感兴趣，很多事情都会成为他们最好的游戏。

幼儿园的孩子经常玩类似搭房子的游戏，他们在游戏中逐渐对前后、左右、上下、中间、旁边等空间有了认识，逐渐形成了高矮、长短、厚薄、轻重、大小等观念。在这种过程中，学会了有计划、有步骤地进行设计，有了成就感，又增添了无穷的乐趣。在搭房子的过程中，手脑并用，肌肉得到了锻炼，手眼得到了锻炼，动手能力大大增强，而心灵潜力得以充分发挥。

积极地为孩子们的游戏创造条件，更好地调动他们潜在的能力。孩子们的各种能力应该从小培养，当一个孩子开始懂得玩耍时，他的创造力就已经开始了。

为未来而育

❺ 人工智能时代，孩子需要培养什么能力

这样一则新闻把人工智能推向了高潮：2023年3月15日，OpenAI正式发布了升级后的GPT-4。与之前相比，GPT-4不仅展现了更加强大的语言理解能力，还能够处理图像内容，在考试中的得分甚至超越了90%的人类。

我看到这则新闻最大的感受是，家里有孩子的家长们，真的该停下来，想一想，在这个人工智能时代，社会对岗位的需求改变了，对人的能力要求也改变了，我们应该如何与时俱进地对孩子进行能力培养呢？

（1）学习能力

有句话说："这个世界唯一不变就是变化。"生活在这个时代，应该对这句话最有体会。因为我们生活的这个时代是人类社会有史以来变化最快的。

面对日新月异的科技发展，现在的我们能预想到未来是怎样吗？很难预测，我们只能紧跟时代发展的步伐，不断提升自己。说到提升自己，我们就会想到学习。如今我们要改变以往对学习的看法，不能仅仅按部就班地接受知识，接受学校教育，更要培养孩子快速学习的能力。

有研究者发现，一旦人工智能普及，在学习上行动力不强的孩子，会更加被动。那些在学习上具有主动性和自律性的孩子可以很好地根据人工智能反馈的计划一步一步执行，从而体会到学习的成就感，形成良性循环。

因此，信息时代，更需要培养孩子们快而准地获取有效信息的能力，而不是被动地对信息进行接收，甚至被牵着鼻子走。

（2）创新能力

这个时代什么最值钱，当然是"创新"。

在人工智能时代，人类将成为机器的使用者，一些重复性、纯知识性的记忆将变得相对没有那么重要，强大的创新思维和实践能力变得尤为重要。

孩子在学习的过程中，不能只看重将来从事某种职业所需要的特有知识、技能与方法，孩子真正需要的是合理的价值观、强大的创新思维能力等，这些都是真正"成人"并走向"终身学习"的基础性前提。

孩子们的学习要满足自己的兴趣和需要，形成个性化的知识体系，而不只是适用于所有人的标准化知识体系。这样，才能做到终身发展。

以我们现在接触到的技术,最难被自动化技术取代的职位就是创新者和领导者,因此,培养孩子的创造力和解决问题的能力至关重要,而想象力和逻辑思维能力又决定了孩子创造力和解决问题能力的发展。所以在我们的生活中家长需要让孩子增加开阔视野、增加见识的机会,因为这是发展想象力的基础,还需要在阅读和生活中培养逻辑思维能力,比如学习思维导图的思路、用法等,在发现问题、解决问题的过程中去练习和提升。

(3)动手能力

高尔基说过:"我们世界上最美好的东西,都是由劳动、由人的聪明的手创造出来的。"

现在生活中的许多事务都可让机器来做,这样大大节约我们的时间,提高我们的生活质量。但我们还应具有一定的生活动手能力。一方面,动手能力也是人的智力的一种体现,缺乏动手能力会影响人的学习能力。另一方面,事实上一些追求精致的工作,机器人暂时还无法替代人去做。

学习可不只是知识方面的学习,动手能力的培养也很重要。建议有时候可以让孩子做做家务,还可以让孩子去组装一些组合家具或折腾机器人,或者去学习一门手艺。

(4)洞察力

目前的人工智能擅长的是在数据中识别相关性,但缺乏深度的逻辑推理、判断能力,而这正是我们大脑洞察力发挥价值的空间。我们在生活中就应该尽量鼓励孩子对一些问题或现象发表观点,引导他看到其中多个影响因素之间的关系,逐渐培养孩子的洞察力。

（5）自我认知能力

人工智能带来的一大改变就是资源的极大丰富。面对超载的信息和纷繁的选择，那些能够认识自己、了解自身特点的孩子更容易脱颖而出。认识自己的能力在孩子的成长道路中同样不可忽视。

在个性化学习时代，如果孩子能够清楚自己的特点和未来目标，就能让数据和信息为自己服务，更好地利用这个时代的资源。

首先要让孩子面对自己：我是谁？我会做什么？我该做什么？这些初步的探索与整理，都有助于寻找孩子的资源与发展优势，好为日后定位。

（6）交往能力

作为社会性物种，人的本能就是渴望能和不同的人交流。在交流的过程中，会产生情感表达。

未来体力型的工作会交给机器人，可服务业这个需要与人接触的工作，将还是由人来做。如果你掌握让人心情愉快的表达沟通能力，你就有更多的机会脱颖而出。

我们现在的人工智能水平还做不到跟人进行复杂的互动，尤其是需要察言观色、揣摩对方心理的相关工作，依然需要靠我们的大脑，因此，人际交往能力在人工智能时代同样发挥着重要的作用。

这在我们的生活中家长就应该多鼓励孩子跟不同年龄的同伴、朋友、亲属等人接触，学会与不同身份、不同年龄的人打交道；另一方面，根据孩子的性格和处事特点，我们需教导孩子相关待人接物的礼仪和人际交往的方式方法，提升孩子人际交往的能力。

　　人工智能时代的到来，会为我们的生活带翻天覆地的改变，只有注重孩子综合能力的培养，才不会被时代所抛弃，才能够真正成为机器的主人。

Appendix

附 录

幼儿园探究式主题课程的实践与思考

在来北京创业之初，我便在寻求最前沿的、最适合孩子的、能够激发孩子学习品质的课程样态。在观摩大量园所，了解大量的课程实施案例的基础上，我果断决定摒弃传统的分科教学、拼盘式主题课程，以探究式、项目化为主要方式，架构保罗幼儿园的课程。通过提供自由的探索空间，提供有效的支架，让幼儿在探究过程中主动思考、发现问题和解决问题，而非被动接受知识。

在学龄前阶段，幼儿的好奇心、主动探究、合作研讨、创造想象、反思批判等学习品质的养成是其高质量学习和持续健康发展的重要保障，培养幼儿积极的学习品质离不开高质量的课程建构。在保罗幼儿园中，探究式主题课程正发挥着重要的作用，支持孩子用自己的眼睛、双手、脚步探究和发现世界。

幼儿园探究式主题课程是一种以幼儿为中心，通过实践探究、解决问题、自主思考等方式来促进幼儿的深度学习、人际交往和想象创造等综合素质的课程模式。在课程实施中,我们强调以幼儿为主体,在幼儿实际生活和游戏中,给予他们充分表达、讨论与操作的机会,以个人、小组、集体等多种形式,使其通过类似科学家做研究的经验,将所学知识与技能用以解决实际生活中的问题。

1. 幼儿是积极主动的参与者。探究式主题课程通常从幼儿的兴趣入手,选择适合他们年龄和发展水平的主题。因此,在课程实施过程中,幼儿的参与度较高,并保持持续的关注和热情。例如,在"蚂蚁世界"的主题探究中,幼儿会对蚂蚁的种类、习性、生存环境等方面产生浓厚的兴趣,主动寻找相关资料、参与相关活动,形成对蚂蚁的认知地图,并对自己的成果感到自豪。

2. 幼儿是想象创造者。探究式主题课程鼓励幼儿自主思考和发现问题,并尝试新的方法和途径来解决问题。有助于培养幼儿的想象创造能力。例如,在"我会制作一本书"的主题探究中,幼儿会将自己生活中印象深刻的经历创编为一本小书,并采用立体绘本、洞洞书等形式,使故事的内容和形式更加丰富。在"象棋"主题中,幼儿将"将、帅、士、象、相、车、马、炮、兵、卒"等棋子的规则创编为有趣的故事,使象棋游戏的规则更加浅显有趣。

3. 幼儿是沟通合作者。探究式主题课程通常需要幼儿之间进行合作,共同完成任务或解决问题。例如,在"地铁10号线"的主题探究中,幼儿需要分组调查、整理资料、实地探访、搭建物品等。在这个过程中,幼儿学会了相互合作、倾听他人的意见、接纳不同观点，尊重他人的想法，这些都是小学教育乃至未来人生中重要的品质。

4. 幼儿是反思批判者。探究式主题课程鼓励幼儿发现问题并尝试解决问题，在问题解决的过程中，幼儿需要思考和尝试自己提出的假设是否有依据、结论是否合理、是否需要进一步探究。班级幼儿在集体讨论的过程中可以了解不同的观点和思路，审视自己和他人的想法。这种反思交流有助于幼儿更好地理解自己的思维过程，调适自己处理问题的方式方法。

5. 幼儿是艺术表征者。成人使用文字进行记录，而儿童是天生的艺术家，使用图画来表达自己对事物的理解和思考。在探究式课程当中，我们给孩子提供大量的机会做表征，记录自己的探究计划、探究过程、探究结果，帮助孩子用艺术表征的形式记录自己的思维过程，幼儿可记录自己每天探究的成果、探究中印象最深刻的事情、探究的过程等内容。通过每天的表征记录，不仅孩子的绘画表征能力得到提升，也使得他们不断观察周围事物的细节和特征，表达自己对世界的理解和感受。在读懂孩子"画"中"话"的过程中，我们更加了解幼儿、走近幼儿。

探究性学习注重培养学生的独立思考、自主学习的能力，教与学的重心不仅仅放在获取知识上，而是转到学会学习，掌握学习方法上，使被动的接受式学习转向主动的探究性学习，让孩子在探究课程的互动过程中提前为今后的学习生活培养了以下几种能力。

一、计划（步骤）、收集、分析、归纳、整理资料、处理反馈信息等探究过程。

二、专注地进行自主学习的能力。

三、观察、思考、记录、讨论、表达、阅读和数的整合分解的概念等多种能力发展。

四、情绪和社会性发展。探究式学习把"要我学"转变成为"我要学",真正激发了孩子内在的学习动力,调动学生的学习兴趣,激发他们的求知的欲望。

五、我们以幼儿兴趣为导向,激发幼儿内驱力,使他们有能力追随自己的兴趣,发展出内在的好奇心、自信心、创造力等优秀品质。

在探究式课程中,幼儿的学习过程像是一幅色彩斑斓的画卷。孩子们在老师的引领下,感受周围的世界,探究事物的奥秘。他们在每一次小小的尝试中,积累宝贵的知识和经验,体验自我价值的实现。

在办园过程中,我始终坚信幼儿园探究式课程理念是一种尊重幼儿天性、培养幼儿自主学习和思考能力的教育理念。并通过不断提高教师素质、课程内容、调动家长参与以及优化教育环境等措施,使探究式课程更加有效,为幼儿提供更加优质的教育体验。

为未来而育

课程案例一：创意串珠

在孩子串珠的过程中，孩子们普遍的方法是一只手拿绳一只手拿珠，一个一个串。而有的孩子串珠方法与别人不同，这个孩子叫小北，他选择了很多个字母珠子，他将字母珠子按照ABCD的规律整齐地排列一排，然后再用绳子依次穿过去。

小北：像一个隧道一样，这穿洞的就像一个隧道。

大涵小朋友在串珠时，珠子总是会掉下来，然后他委屈地哭了，一边流眼泪一边拿绳子不断地尝试，嘴里念叨"怎么串也串不好啊"。但是手里的动作一直没有停下，但是越着急就越是串不进去，我和大涵一起找原因，观察其他孩子是怎么串的，然后大涵发现是绳子太粗了，珠子孔太小，于是他去换了另一种珠子，很快就串进去了，做了一个自己很满意的手链。

有一位小朋友叫珂珂，她在串好之后珠子总是从另一边掉下来，串好后提起来就又掉下来，但是她没有放弃，在经历了两次失败后，她来找我说：老师您能帮我在这里打个结吗，这样就不会掉下来了！在遇到问题时主动想办法去解决问题并请求帮助。

麻绳串珠就没有那么容易了，孩子们遇到了各自的困难，大涵在串珠时发现串着串着就串不进去了，因为麻绳的头儿太粗了，珠子就串不进去了。

孩子们会各自想办法解决遇到的问题。

- 制作串珠统计单

第一次做记录（幼儿对作品图形的表征）

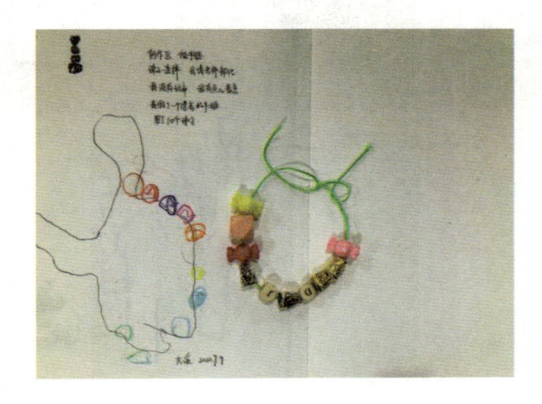

为未来而育

第二次做记录（幼儿对串珠数量的表征）

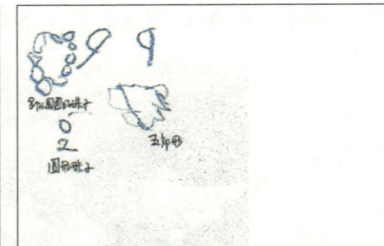

第三次做记录（幼儿通过改良后对串珠的表格表征）

通过在课程中与孩子们的互动与观察，我发现孩子们的能力在一点点成长，也逐渐能够独立思考，发觉自己的能力与需求，主动思考与解决问题。

1. 孩子们通过几次的串珠练习能够熟练串珠，普遍使用一个一个串的方式，其他孩子特别的串珠方式也值得与其他孩子一起分享，互相学习吸取经验。

2. 通过不断地引导和日常的培养，大多数孩子遇到问题或困难的第一反应是想办法解决问题，然后再请求帮助，愿意主动思考问题的原因和解决的办法。

3. 遇到问题时虽然会有受挫折或不开心的感受，但是能够较快调节好自己的情绪，或通过老师的引导合理地发泄自己的情绪，不放弃正在做的事情。

4. 孩子们在探究活动的过程中发现问题或困难时，会主动说出自己的困难，同伴之间较自然地一起商量或讨论问题的解决方法，愿意给予别人好的建议和分享自己好的方法。

5. 在点数珠子数量的过程中孩子们很认真地参与点数，当制作统计单的时候有的孩子会觉得自己做不好而没有信心，经过老师的鼓励愿意尝试并顺利完成统计单"工作"，对于画（写）字不再恐惧和担心自己画（写）不好，能够画（写）出字的基本形状，感知字体和数字的结构。

6. 串珠技巧虽然有点难，比较有挑战性，经过老师的引导和鼓励，能够较快地调节好自己的消极情绪（"我不会""这个太难了""我做不好"），敢于尝试自己从没做过的事情。

7. 在串珠技巧过程中，可以更加丰富，样式多样化，让孩子们感受到更多串珠乐趣。

为未来而育

课程案例二：看见情绪

在平时的生活中，小朋友对于情绪已经有了一些经验基础。老师无须刻意为情绪学习营造氛围，只需要帮助孩子在日常生活中识别、理解和调节情绪。情绪学习可以发生在很多幼儿园活动中。这次转到图书区，期待在绘本阅读中，注重情绪表达，把相关的词汇说给孩子听，增加孩子对情绪词汇的理解。当孩子在经历情绪事件时，他们就能自然而然地用词汇准确地表达情绪，与他人进行交流。

第一阶段：绘本故事表演，识别与体会情绪。

第二阶段：分类绘本故事，理解与标记情绪。

第三阶段：绘本故事表演，表达与调节情绪。

第四阶段：影子绘画，情绪的认知与标记。

第一阶段：绘本故事表演，识别与体会情绪。

第一步：投票选择最喜欢的绘本，进行故事表演，体会角色情绪。

第二步：制作道具，理解与表达情绪，表演故事。

佑佑和米米说："我们需要一些衣服或者面具，这样别人就知道我们扮演的是谁。"

为未来而育

毛毛说:"我当山羊的时候,本来看见山怪有点害怕,但是看到太阳老师,我就觉得特别逗,我就想笑,忘记害怕了。"

在讨论服装和面具怎么做时,小朋友发现了故事书里山羊、山怪的身体绘画颜色和他们理解的情绪颜色是一致的。以下是他们的讨论:

佑佑说:"不如问问二宝吧,你不是总说它有很多很有创意的有趣想法吗?"

淳淳说:"我发现了,我发现了,小山羊是蓝色的,肯定是他害怕了。"

佑佑和米米马上翻书求证。

佑佑:"中山羊是蓝色和红色,说明他有点生气又有点害怕!"

米米:"大山羊是红色的,它超级生气,他可以打败山怪,它超级厉害!"

淳淳："山怪有红色和黑色，难道它有点害怕？"

为未来而育

佑佑做记录时说:"为什么米米只喜欢当小山羊,淳淳只喜欢当大山羊?"老师捕捉到,这是小朋友在思考这个角色的情绪和背后的原因。

根据小朋友的提示,老师仔细思考,发现:淳淳只喜欢当大山羊、米米喜欢当小山羊、佑佑喜欢当中山羊或者"故事家"、二妹喜欢若有若无地参与、大宝喜欢当观众、佳懿喜欢当大山羊、毛毛是小和中山羊都可以。这成了和他们深入讨论情绪的契机。

小朋友自主分组进行故事表演。走上桥的小山羊和中山羊,脚步变轻了,身体是蜷缩在一起的,微弱的声音与山怪对话,表达自己心里的害怕。大山羊迈着大大的步伐,大声地说:"我有两把弯刀,正好刺穿你的眼睛。"勇敢地和山怪战斗。山羊们打败山怪后的喜悦,也都表现出来了。

第二阶段:分类绘本故事,理解与标记情绪。

图书区的绘本故事小朋友基本都很熟悉。按照情绪认知图表,我们对绘本故事进行情绪分类。最开始是"红色、蓝色、绿色、黄色",小朋友提议,应该还有"粉色和黑色"。

我们说自己是"情绪颜色魔法师",要去翻阅每本故事里故事角色的情绪,将它分类。

佑佑、二妹、毛毛、大宝、闹闹明白是要按照情绪的颜色分类,而米米一直在按书的封面颜色进行分类。

闹闹:我记得恐龙那本书,霸王龙被攻击,特别生气,我把它放在红色里。

大宝:《斗年兽》中老爷爷用红纸和火苗和年兽战斗时,他们俩都是特别生气的,是红色。

佑佑:《苏菲的世界》中蜘蛛一个人爬楼梯时,是蓝色的,但是它织出了最美的毯子,送给别人时,是粉色的。

毛毛：《世界上最棒的礼物》中很多动物送礼物，他们都很开心。猪妈妈生宝宝也开心。

二妹：这本书（《头脑特工队》）里面有蓝色的情绪小人在哭，是蓝色的。

米米：《超人兔》里面有很多黄色、黄色、绿色，有很多颜色。

（小朋友提醒，不是按照书是什么颜色分类，是情绪。我也通过提问一些故事情节，引导米米理解是按照情绪颜色分类。）

佑佑：《母鸡萝丝去散步》中母鸡只是走着，狐狸发生了很多倒霉的事情，母鸡是平静的绿色。

第三阶段：绘本故事表演，表达与调节情绪。

和第一阶段的区别是，我们不是选择自己喜欢的绘本表演，是根据自己想表演的情绪，选择一本故事书来表演。

大家选择了《母鸡萝丝去散步》。老师本来在想，这本书，没有多少对话，不知道小朋友要怎么表演。但是，他们的表演，让老师们格外惊喜。

除此以外，老师让小朋友自主表演故事，从选角色的摩擦与沟通，到故事情节的理解与表现，团队的合作，再到演完后的成就感。他们就是在这个真实的情境里，体会自己和他人的情绪，

并且根据不同情境和需求，尝试调节情绪。

第四阶段：影子绘画，情绪的认知与标记。

小朋友能根据故事的情节体会角色的情绪，并能通过扮演的形式用语言、表情、肢体动作表现出来，但是，具体某种情绪，在他们大脑里的图像标记和语言标记的对应，是我想让他们意识到，并从故事里，迁移到生活中。于是，我们设计了"影子情绪"的游戏。

在幼儿园里，老师的引导对孩子的情绪发展具有非常关键的作用。积极的师幼关系和高质量的师幼互动能够为孩子创造安全感，提高孩子的情绪理解能力，让孩子在面对负面情绪时逐渐学会调节情绪。除此以外，"孩子每天都可能带着不同的情绪来幼儿园，希望孩子能够意识到自己并不会总是快乐"。不要求孩子总是表现出积极情绪，而是会在理解、尊重和包容孩子的前提下，帮助孩子成长。

《三只山羊嘎啦嘎啦》故事表演期间，有一次，我很严厉地批评了班上一位小朋友，他突然攥紧小拳头说："我有两把弯刀正好把你的眼睛戳瞎，有两把石锤，把你砸碎。"当时，我的第一反应是很生气，但转念一想，这句话不是故事里的对话吗，我猜到，他的情绪是愤怒和展示自己力量的勇敢。我立即去同理他的情绪，也感受自己的情绪，我们俩都平静了许多。

毛毛和二宝因为争抢扑克牌发生了矛盾，二宝选择了大声喊着走向创作区，毛毛选择哭着找我。他给我描述了自己是蓝色的，并讲述了整个过程。

我感知他的情绪，和他对话，抱抱他，并询问："你觉得二宝是什么颜色的？"他说是："红色。"

我又问，"有什么办法，让你们俩都变成黄色或者绿色呢？"

后来，他选择去抱抱二宝，两人和好了。

记录环节，他们俩都记录了这件事情。

分享时，毛毛说："我用自己一半的黄色抱抱二宝，这样我们都变成黄色了。"

"我有黄色红包，里面存了很多开心，一份放在幼儿园，如果变色了我就拿出来用,一份放在家里用。"

和孩子一样,老师的情绪也应该被看见,我们并不是总能选择自己的感受,但是,我们可以选择怎样回应自己的感受,并教会孩子怎么做。无须刻意为情绪学习营造氛围,只需要帮助孩子在日常生活中识别、理解和调节情绪。

为未来而育

课程案例三：创意水墨

有体验水墨画的时候，孩子们在创作的过程中，也会发现各种各样的问题。

问题一：墨水为什么在纸上会流动。

解决：孩子们说法不一，各有道理，说法一：因为水太多了，笔太湿了；说法二：因为压力太大了，太用力了。

思考：和纸有没有关系呢？

问题二：画完之后，孩子们发现拿起来，背面也可以看到画面，但是用水彩纸画完，背面就不会看到画面。

解决：孩子们讨论觉得因为纸太薄了，所以就会看见。

思考：画水墨画的宣纸和水彩纸有什么不一样的地方呢？

问题三：为什么画着画着纸就破了一个洞？

解决：孩子们觉得是自己用了太多水，手太用力地去画画，宣纸太软太薄了。

我们的发现：

1. 孩子们在体验浓墨、淡墨的画法时，明白了原来浓墨不蘸清水，就会画出浓浓的感觉，而淡墨就需要把自己毛笔上的颜色用清水涮一涮就可以画出淡墨的感觉了。

2. 浓墨的颜色非常深，淡墨的颜色是浅浅的。

3. 有小朋友发现，"我"把笔多蘸点水，拿得高一点，让它自己滴一滴到纸上，它就流动起来了，变成了淡墨。

孩子们尝试更多的技巧与方法，为自己的作品增添创意，尝试仿画。

老师和孩子们讨论，如果墨水和清水混合到一起会发生什么呢？

孩子们对于这个问题感觉很好奇，于是我们一起来尝试一下，看看究竟会发生什么。

我们一起讨论用什么样的容器适合往圆柱桶里装水？

老师：我们用怎样的方式记录我们装水的数量？

孩子们去接了两量杯的水，之后我们观察比较这两个量杯是一样大的，都是1000ML的，然后孩子们决定用笔、纸记录数量，每人倒5杯，然后在记录表上画上杯子，写上数字。最后把大家的都算起来。孩子们一起思考我们解决问题的方式。

　　当墨滴到水中不断变化，孩子们观察与想象到的不同画面。

　　米洛：它像一个巨人。

　　大溪：像黑墨世界，黑色的山洞。

　　果果：像黑暗，上面是黑天，下面是白天。

　　大溪：像脏兮兮的棉花糖。

　　果果：是螺旋的。龙卷风。

　　大溪：像黑色的龙卷风，像大黑点。

　　（又加了一次墨汁）

　　老师：有变化吗？

　　大溪：它在动，有点掉下来了。

　　姐姐：像下雨，下的小雨。

　　妹妹：蘑菇。这有蘑菇。

　　珂珂：像毒蘑菇。

　　果果：乌漆麻黑的。

　　姐姐：像很多的头发。

　　珂珂：像黑色的玫瑰，黑色的云。

　　大溪：像乌云黑墨！细菌。

　　我们从圆柱桶中取了一些画画。

　　姐姐：画不出来。为什么呢？

　　妹妹：这个太淡了。

　　珂珂：再加一些墨。那个水多的是淡墨，试试吧。

　　大溪：这下是浓墨了。

　　老师：你发现的规律是怎样的？

为未来而育

孩子们：墨多一些就是浓墨，水多就是淡墨了。

水墨畅想画

老师提前准备好一张大的白色海报纸，和孩子们一起讨论，今天我们一起来创作一幅画，大家来想一想，我们画些什么呢？你们最喜欢是什么？哪里是你们最喜欢玩的？

孩子们一下就想到了自己在幼儿园最喜欢玩的玩具，或者自己最喜欢幼儿园的某个地方，或者又是幼儿园某个让他/她印象深刻的东西。

通过在课程中与孩子们的互动与观察，我发现孩子们的能力在一点点成长中，也逐渐能够独立思考，发觉自己的能力与需求，主动思考与解决问题。

1. 孩子们在初期接触到水墨画的时候，敢于大胆地尝试，使用老师提前投放的材料，勇敢尝试黑色的水墨画在纸上的感觉，并通过老师的提问与引导，说出自己的感受与想法。

2. 在体验水墨画的时候，感受水墨画材料的特殊属性，宣纸与其他纸的不同，水墨颜料与其他颜料的不同，如何使用水墨

的材料。

3. 当绘画的过程中,纸破了、水墨和水的配比、颜色浓和淡、墨水多与少的问题,能够找出自己出现问题的原因,愿意主动思考问题的原因和解决的办法。

4. 遇到问题时虽然会有受挫折或不开心的感受,但是能够较快调节好自己的情绪,或通过老师的引导合理地发泄自己的情绪,不放弃正在做的事情。

5. 孩子们在探究活动的过程中发现问题或困难时,会主动说出自己的困难,同伴之间较自然地一起商量或讨论问题的解决方法,愿意给予别人好的建议和分享自己好的方法。

6. 专注力在不断提高,很容易投入到自己的探究中,学习水墨画技巧之后,还会自己创新画法,用自己的创意给水墨画增添亮点。

7. 通过尝试不同质感的素材和绘画形式,让孩子们感受更加多元化的创作,并在活动中保持兴趣和热情,乐于参与。

课程案例四：保罗校车

当我们还是孩子时，老师、家长总会在我们遇到问题的时候，很快给我们指引，帮我们得到答案，希望我们快速成长，我们觉得解决问题也不是什么太难的事情。但是随着年龄的增长，身边能够提供帮助的人越来越少，难倒你的，是挑战自己的勇气、对一件事情的坚持、与他人沟通合作的技巧。追本溯源，在幼儿时期，我们缺少这样的机会去独立思考，甚至还没来得及思考、试错，答案已经摆在我们眼前。

在保罗，我们也希望给予幼儿这样的时间、空间，培养孩子的社会力、适应力、表达力、创造力，让幼儿成长为适应未来社会的小公民。也因此，我们坚持采用瑞吉欧教育思想影响下的项目教学，以幼儿问题为导向，采取多种方法来解决幼儿的困惑，

给幼儿多次尝试、改进的机会。

在幼儿园的畅游日活动中，咖喱班小朋友细致地为其他小朋友讲解校车的各个部件，还有他们制作的过程。在小朋友摸校车的时候，他们不断提醒说这是很辛苦才制作出来的，一定要小心，别摸坏了。通过他们的表情，能看出他们为自己班级的制作成果感到骄傲。那这辆车是怎么做出来的呢？在制作的过程中，我们收获了什么？一起来回顾一下吧！

共同背景经验的建立

班级中，每个小朋友都有乘坐校车出行的经历，可是关于校车，我们知道哪些知识呢？限乘多少人、车牌号多少、路线是什

为未来而育

么呢？小朋友一脸茫然。于是，老师带着小朋友们，来到了校车前进行观察。

- **关于校车，我知道的**
  - 校车上有保罗的电话和二维码
  - 车有四个轮子
  - 车上有摄像头
  - 开车不能踩线

- **关于校车，我不知道的**
  - 为什么校车车牌号的颜色和家里不一样
  - 方向盘都有哪些功能
  - 校车上面写的14，代表的什么意思
  - 校车门是推拉的，车门总共有多少种打开方式
  - 车牌号是怎么来的
  - 为什么太阳晒，汽车会烫手
  - 发动机是怎么组装的
  - 后视镜的作用
  - 怎么调整座椅

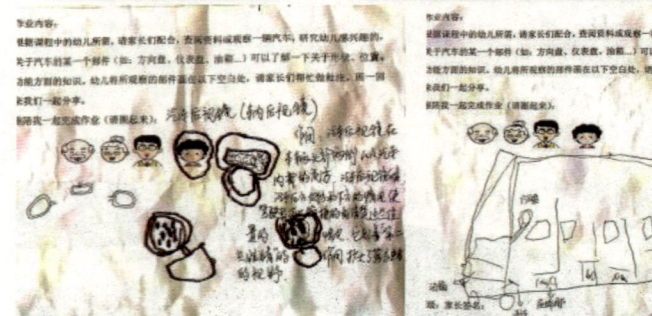

老师给小朋友分发了作业单，大家利用周末时间来搜集资料，解决问题。小朋友对于分享自己所学习到的新知识非常积极，不仅解决了自己的困惑，也让其他小朋友收获了新的知识。

第一次，小朋友对校车的观察多基于外部结构。接下来，我们进行了第二次的观察，这次，小朋友的观察更加细致。并且能准确说出各个部件的名字，如引擎盖、车灯、雨刷器等，甚至

附 录

有细心的小朋友发现在车底还有一个备用轮胎。在车的侧面，还发现了禁止携带易燃易爆物品的标志，班级小朋友对校车兴趣浓厚，我们开始了下一步的探索。

校车制作

即使我们已经有过两次观察，在制作的时候还是会碰到很多问题。

车头制作

● 问题
- 如何分工
- 车头是方形还是三角形
- 纸箱太厚剪不动
- 正方形比较容易制作，但是如何制作三角形
- 挡风玻璃，要从里面看到外面，如何制作

● 解决策略
- 雨馨任组长，分配任务。组长画图纸，其他小朋友找材料
- 讨论后，发现方形和三角形都有
- 需要更锋利的剪刀，寻求教师帮助
- 将纸箱的剩余拆开（拆成平面），纸箱的一个与方形部分的一个边重合进行粘贴，这样一个包含三角形和方形的车头就做好了
- 需要剪出一个玻璃部分用笔画出来一个方形，并进行裁剪，用半透明的丝带代替了挡风玻璃

车身制作

● 问题
- 如何将车头和车身拼接，窄胶条封不住
- 纸箱太厚，车门裁不动
- 座椅怎么做才能立起来
- 车门怎样才能滑动

● 解决策略
- 选用宽胶带，合作粘贴
- 画完请老师帮忙，需要刀子和剪刀配合
- 将两块小纸片用小胶条连接起来
- 用胶条粘，发现并不能滑动，至今没有解决这个问题

在制作校车的过程中，老师没有直接告诉小朋友该怎么做，使用什么材料，要如何分工，而是给小朋友充足的时间和尝试的机会，在小朋友不断尝试的过程中获得不同的经验，他们会有礼貌地请求帮助，学会了一起合作达成目标，学会了寻求解决问题的方法，不仅树立了信心，获得成就感，更激发了他们继续完善校车细节的兴趣。

校车的完善

车头和车身终于连接了起来，可是我们还有很多细节没有做

附 录

出来，校车上有些什么呢？我们分组进行了一次更细致的观察。

● 观察到的细节

- 车灯外面是一个大圆圈，里面有很多小圆圈，是亮亮的，会闪光
- 玻璃可以升降
- 轮胎可以转
- 排气管
- 后备厢能打开放东西
- 车身上有字母、二维码、车牌、电话号码、校园logo、限乘人数、车标

● 解决策略

- 画了一个车灯的外框，里面加了塑料、透明的纽扣做灯
- 把车窗涂成黑色代替玻璃，但不能升降
- 找了塑料碗和塑料杯，用吸管连接起来做轮胎。我们在车头裁了半圆，想安装进去，结果车头散了，最后用硬纸板剪成圆形，图上了颜色当轮胎
- 用纸卷起来，安装到车底部
- 做后备厢遇到了瓶颈，用画车窗代替
- ——记录并仿写

183

为未来而育

　　这一次在观察校车的时候，孩子们更加专注，也更注意细节了，他们有了前期分组合作的经验，提前讨论，计划出每位小朋友要负责的任务，他们拿出纸笔，将观察到的点滴细节画在纸上，然后再和伙伴们讨论，要使用什么方法、什么材料来完善校车。

附 录

校车的制作初步完成了，虽然有的问题我们还没有完全解决，在之后的课程中，我们会保留这些问题，不断探索、改进、学习。

- ● 至今未解决的问题
  - 轮子怎么转起来
  - 车门怎么能滑动
  - 怎么制作可以打开的后备厢
  - 车窗怎么升降
  - 内部的车椅、方向盘等如何安装
  - 倒车镜怎么制作

安全标志

校车上"禁止携带易燃易爆物品"的标志引起了小朋友的关注，加之我们即将乘坐校车去春游，需要了解一些安全规则，教师进而将课程延伸至各种安全标志的认识。

为未来而育

我们学到了什么?

一、关于汽车的知识

后视镜：后视镜是观察后方车辆的，这边要是有车拐不过去，从那看到没车了，就可以拐了，是第二只眼睛的作用。

方向盘：方向盘是用来开车的，可以掌握方向、按喇叭、开车灯、雨刷器，上面还有标志。

座椅：座椅可以调整，调整座椅前后，最终确定舒适。

车门打开方式：平开式车门、对开式车门、剪刀式车门、鸥翼式车门、鹰翼式车门、蝴蝶式车门、侧滑式车门。

车身材质：汽车车身外壳绝大部分是金属材料，金属是吸热的，所以车外壳在暴晒后，会很烫。而且车内的温度也会升高，汽车内饰中的一些有毒成分会释放出来，所以我们要降温后再上车。

车牌号：车牌号就像我们的身份证号一样，随时可以分清车辆，也能更方便地查找车辆，要是遇见长得一样的车，我们就可以通过车牌号来区分。

二、关于安全的知识

1. 交通标志分为警告标志、禁令标志、指示标志，不同图案、颜色、形状代表不同的意思，需要我们去遵守。

2. 出行时要紧跟队伍，不能自己活动，防止走丢。

3．常用紧急求救电话有110、120、119。报警打110，有人受伤打120，着火了打119。

4．乘车要系好安全带、车上不能吃东西、不能随意走动、不能随意吵闹、上下车要排队。

三、语言表达和书写能力

一起动脑筋的小朋友越来越多，每天我们都会发生思维的碰撞。在汽车制作的过程中，我们不断遇到问题，我们逐渐能够安静下来听取同伴的建议，也会大胆、清楚、完整地表达自己的看法。

在讨论的过程中，小朋友一边说，老师一边做记录，我们还认识了很多关于汽车的汉字。

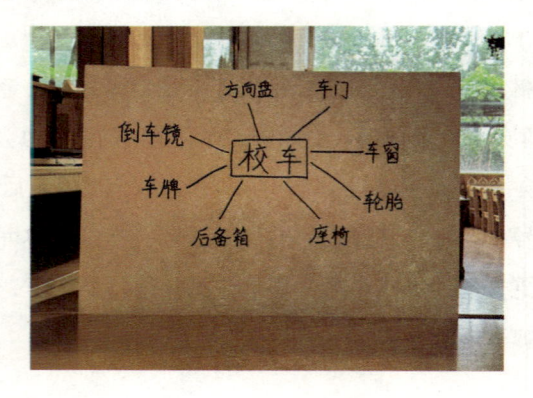

四、观察和记录的习惯

我们养成了随手记录观察到的事物的习惯。我们的观察更加细致，自发地去比较事物的不同之处，发现自己作品的不足，表达能力也不断提高。

| 第一次 | 第二次 | 第三次 |

五、合作分工

　　我们的小脑袋记不住很多事情，小手也不够大，所以我们分工去做观察和记录，再交流、合作，一同完成任务。

六、动手能力的提高

　　我们不断开动大脑，寻找合适的材料进行制作，使用颜料、剪刀、胶带、刀、胶枪等工具的能力不断提高。我们用纽扣当车灯、用丝带做挡风玻璃、金属丝做三脚架，不断提高创造力、行动力。

七、制定计划的能力

　　每次开始前老师会根据需要提出引导，今天准备制作校车的哪个部分？需要什么材料？渐渐地，他们开始能独立自主地进行连贯的计划讲述，并按照自己制定的计划去按步骤完成。过程中还可以根据事情的难易程度调整先后顺序，做事情更加有计划有条理。

　　在保罗校车的课程中，老师为幼儿提供充足的时间、探索的机会、丰富的材料，幼儿可以根据自己的想法决定和谁合作、做什么、怎么做、用什么材料,从而激发幼儿学习的自觉性和主动性,在此过程中他们一次一次地体验到自我实现的快乐。

小朋友还常常会和家长们一起查阅资料,将自己新的收获分享给伙伴们。在自由交流、讨论中,幼儿能够清楚详细地表达自己的观点,也学会倾听他人的想法。使他们在实践中学会相互协调,互相帮助。

在不断发现问题,解决问题的过程中,幼儿动手动脑,不仅保持了学习探索的积极性和表现欲望,也从中获取新的经验,获得发展。

附 录

课程案例五：如何制作一本书？

　　小朋友乘坐校车，手牵手唱着歌，享受春日温暖的阳光，来到了花卉大观园，进行了一场春游。

　　我们分享了绘本《如何做一本书》，以制作绘本的方式帮小朋友们保留美好的记忆。

　　通过学习，我们知道了：书是由许多人共同完成的；要先把故事写出来，然后配上插画；需要反复修改做成样书。封皮上有书名、作者、插画、出版社；环衬页是不同颜色的；扉页上也有书名、作者、插画、出版社；内文页有插画和文字；封底有插画、条形码、定价。

为未来而育

第一次制作

小朋友们开始了第一次的尝试。

了解到制作绘本需要配插画和文字之后,孩子们通过回忆这次旅行的过程来创编故事,每个小朋友都有印象深刻的情景,老师带领着大家边回忆边记录,并观看了展示墙,确定了大致的故事内容,接着孩子们从展示墙上拿下照片来帮助自己回忆,进行情景记录,孩子们很兴奋,边画边分享自己印象深刻的故事情节,期待着我们的插画合成一本记录咖喱班第一次旅行的故事书。

确定了故事内容和插画后,孩子们将自己做的书和图书区的书做了对比,发现了一些问题,总结出还可以改进的地方如下。

1. 没有把书固定起来。
   我们用双面胶把纸粘了起来
2. 没有标页码,就容易翻错页。
   小朋友们在每页的右下角按顺序标上了页码。
3. 里面还有一个空白页一个封面(环衬页、扉页)。
   小朋友们在家里带来了不容易撕坏的彩色纸来当环衬页。在这页上加上了书名、图案、作者、出版社四部分。

4. 没有封面怎么保护书呀，书就湿了。
   我们选了更厚、更硬的纸来做封面
5. 没有写字，别人怎么知道讲什么呀。
   小朋友们讲述了绘本故事，老师记录下来，打印了文字，小朋友们很耐心地进行了仿写。

第二次制作

在修改完之后，小朋友很主动地想要继续改进自己的作品，我们继续对比自己的绘本和阅读区绘本的区别，并在幼儿园寻求他人的建议。

自己的发现：
1. 插画太靠边了，有的内容被挡住了
2. 画得太满，没地方写字了
3. 平常看的绘本是双面的，这个是单面的
4. 书的侧棱写了字，我们的没有
5. 绘本上的图案是打印的，比较精美

别人的建议：
1. 内文没有和插图在一起，不容易看
2. 文字写得不整齐
3. 画的图案还有可以进步的空间
4. 画面安排太乱
5. 故事内容还可以更加细致

为未来而育

根据这些意见，我们进行了改进：

一、修改插画

这一次，在画插画的过程中，孩子们有意为文字留出相应的位置，我们还在绘画过程中加入了裁切线，来防止粘贴后挡住画面内容。有的孩子使用了软尺，导致画出来的裁切线是弯曲的，老师组织孩子们认识了软尺和硬尺。

二、将绘本做成正反页翻阅

孩子们讨论出几个办法：

1. 重新画，一个小朋友画正面，另一位画反面
2. 用胶粘住
3. 用订书机

通过讨论，最终决定用胶粘的方式。

孩子们找来了班级各种的胶（胶枪、宽透明胶、细透明胶、双面胶、白乳胶、胶棒），通过逐一试验、比较，我们最终选用了胶棒。

附 录

我们认真地比对整齐，按照页码顺序粘贴，一页、二页、三页、四页……

三、投票选出环衬页颜色

四、检查补充

1. 侧棱的文字（咖喱出版社）

2. 调整页码的位置：通过对比图书区的绘本发现，正反面标记页码的位置是不同的。

3. 完善封底（定价、条形码）：在封底有条形码、价格、图案，还有一些文字。经过一番讨论和对比，我们把书的价格定为25元。

> 老师：我们的绘本定多少钱合适呢？
> 幼儿：一块钱、两块钱、三块钱、五块钱、一百块、一千块……
> 老师：我们请每位小朋友到图书区，去拿一本自己最喜爱的绘本，观察价格后，我们再定价格。
> 墨墨：我觉得这本书得贵一些，书有点厚、书讲得太精彩了。
> 洛洛：画面还是不精彩呢。
> Lucky：可以把每个小朋友的书钱都算上，加起来。
> 恺恺：34元，因为有的地方还需要再修改。
> 大糖：5块钱，这本书挺精彩的。
> 暄暄：我觉得是10块钱，这本书是长方形的。
> Lucky：定一块钱，这样有钱没钱都能看我们这么精彩的书了。
> 洛洛：免费吧。
> 墨墨：我们可以放到图书馆。
> 福宝：放到我们幼儿园楼下的书架上。
> 后来，我们采用投票的方式，最终把书的价格定为25元

成品展示：

附　录

为未来而育

附　录

《乘着校车去旅行》绘本的制作，孩子们起初通过回忆讲述自己印象深刻的旅行故事的时候，很积极很兴奋，能够清晰地表达自己的想法。但是在画插图的时候，小朋友还是比较随意，控笔的力度、构图、颜色搭配等都没有太讲究。当所有的小朋友们将插图汇集到一起分享的时候，他们会互相找感觉，孩子们开始不断地修改自己的画，更加认真对待画的效果，而且热情更高了，每天来幼儿园都期盼着可以继续绘制，对自己的要求也不断提升了。在和图书区的绘本进行对比后，小朋友还是发现了很多不足，但是没有一位小朋友气馁，都特别有信心，说继续改进，一定能够做好。

在第二次绘本制作完成后，小朋友还在幼儿园里寻求他人的建议，根据这些意见再次改进。这一次还加入了尺子的使用，这对小朋友是有难度的，他们没有退缩，两两合作，一人压着尺子一人画，之后认真地比对整齐，按顺序粘贴，整个过程特别专注。

第三次制作

《乘着校车去旅行》绘本的第二次制作完成后，我们开始了独立小绘本的制作，孩子们选择了六一外出的活动来制作自己的独立绘本。

在制作前，我们通过讨论、回忆，复习了制作绘本的步骤。

一、材料准备

我们需要什么材料？大小合适的纸、笔、双面胶。

参考之前作绘本的经验，孩子们提出 A4 纸对他们来说太大了，我们需要做好多页，因此我们决定把 A3 纸裁成 4 份，这样大小的纸对孩子们来说正合适，在老师的帮助下裁出用来制作小绘本的纸。

二、创编故事内容，为样书配插画

材料准备齐全后，我们开始了制作绘本样书之旅。孩子们对六一出游活动有着深刻的印象，但每个人都有着不一样的表达，通过回忆出行当天自己的亲身经历，孩子们将这些经历编成一个个有趣的故事，借助小绘本来记录这个有意义的节日。

制作过程中的小插曲：

（一）留边问题怎么搞

配插画之前，孩子们提出要留边（书页粘贴以及配文字的地方需要留出位置），由于纸张相对较小，孩子们虽然有留边的意识，但一不小心就会把画面画得很满，尝试了几次之后终于解决了这个问题，部分孩子采用了提前用铅笔画一个边框的办法，画的时候尽量不要超出边框，画完之后将铅笔擦掉。

（二）没画好怎么办

孩子们画得很认真，他们期待着将自己的故事出版成一本真正的绘本，在配完插画之后，有些孩子觉得自己这一页没画好，需要进行修改重画，修改过程也会有部分孩子很着急，出现了愤怒、沮丧、焦虑的情绪，他们对自己要求很高，在老师的引导鼓励下耐心地完成了绘本故事的配图。

三、装订样书并配文字

在配完插画之后，孩子们在老师的帮助下按照绘本的结构进行装订，封皮最上面、选择喜欢的环衬页颜色、装上扉页、将内文页按照页码顺序装好、最后装封底，孩子们把做好的样书给爸爸妈妈看，请爸爸妈妈给提意见，并帮忙批注内文。

四、完善样书结构

我们的封皮、扉页、封底还没有完成。首先要定一个书名，书名叫什么好呢？《乘着校车过节去》《开开心心地玩》《植物园之旅》……孩子们的想法真实而有趣；封底还需要定价，绘本多少钱呢？10元、1元、100元……最后我们将书的封面、扉页、封底进行完善。

五、分享样书，收集建议并改进

孩子们回家分享了自己的绘本故事，收集了父母的建议。回到幼儿园之后在小朋友面前进行了分享，互相提建议和意见。有些绘本故事内容需要完善；有些插画的画面颜色不够丰富；有些故事太简单需要增加故事情节；装订不够细致整齐，需要重新装订；有的页码顺序错乱，需要调整页码顺序重新装订；父母、同伴和老师提出建议之后，孩子们积极采纳这些建议，面对不满意的地方耐心地进行修改直到满意为止，最终完成了绘本样书的制作。

六、成果展示

立体绘本的制作

小朋友们想要尝试更有难度的绘本制作，我们研究了幼儿园和家里的各种立体绘本，并开始了我们的创编和制作。

我的成长

1. 做绘本的技巧：制作绘本需要纸、笔、双面胶；首先需要创编故事，配插画文字，标页码，完善绘本结构，装订绘本故事。对绘本结构和制作过程有了一定的了解。

2. 工具的使用：我能够敏捷使用各种素材或工具；我还了解了测量的基本方法，能用尺子去测量绘本、桌子、相框的长短；通过观察软尺与硬尺的区别，我们了解它们在生活中的不同用途。

3. 对识字的兴趣：在给插画配文字时，孩子们会请老师帮忙记录，在这个过程中我们认识了很多字，还会和小朋友们互相分享我们的绘本，对不认识的字及时寻求老师的帮助。

4. 合作能力：在装订过程中，相互配合，不断协调，把绘本做得整整齐齐。

5. 表达和倾听能力：为了将绘本做得更好，我们很认真地听取他人提出的意见；我们能根据连续画面提供的信息，清楚讲述故事内容，并进行修正，表述的情节越来越丰富。

6. 耐心、专注力的提升：孩子们画得很认真，他们期待着将自己的故事出版成一本真正的绘本，在配完插画之后，有些孩子觉得自己这一页没画好，需要进行修改重画，修改过程也会有部分孩子会着急，出现了愤怒、沮丧、焦虑的情绪，他们对自己要求很高，在老师的引导鼓励下耐心地完成了绘本故事的配图。

课程案例六：阅读，开启探索之旅

继上学期的探究课程《如何制作一本书？》之后，孩子们对于绘本故事的热情不减，每次的记录，都是一篇故事。

绘本分享——发现不一样

在语文区，老师带着孩子们一起分享绘本，引导孩子观察图画细节，之后请孩子们分享对作品的欣赏及感受，说一说对图像细节中的色彩、线条感受。

绘本《花格子大象艾玛》的分享

孩子们发现故事的主角艾玛和其他大象灰灰的颜色不一样，它是一只花格子颜色的大象，他喜欢讲笑话，是大家的开心果，并且绘本的色彩鲜明，很漂亮。

为未来而育

孩子们对《花格子大象艾玛》的读后赏析

Lucky：我觉得这只大象很不一样，因为它是彩色的，我只见过灰色的，而且我觉得这只大象的颜色搭配很好看。

派派：花格子大象艾玛很漂亮，我喜欢艾玛身上的红色，我觉得绘本上的图案是用蜡笔画的，我很喜欢。艾玛想变成跟其他大象一样的颜色，所以它在灰色浆果上打滚，但是大雨把它身上的颜色洗掉了。

师：哇，你们都观察到了，这本故事的主角艾玛，身体颜色与众不同，是花格子的。艾玛还是大家的开心果，给好朋友带来了许多快乐。其实我们小朋友也和艾玛一样，你们每位小朋友都有自己的特色，要学会尊重、欣赏别人和自己不一样的地方。

绘本《小鱼散步》的分享

故事中妈妈加班，爸爸负责做饭，小鱼接受了光荣的任务——去街角的杂货店买鸡蛋，在路上发生了很多小故事。

孩子们发现这本绘本颜色跟其他的绘本不一样，灰扑扑的，

但是感觉比较温馨。老师告诉大家这本绘本画面采用低饱和度的配色,营造了安逸静谧的氛围。

孩子们对《小鱼散步》的读后赏析

冰冰: 爸爸让小鱼去买鸡蛋,小鱼假扮妈妈的样子去买,在路上还遇到了蓝色的弹珠,放在眼前,觉得世界都变成了蓝色。

师: 这本绘本颜色没有那么鲜明,低饱和的色调就像文中的故事一样,安静又温馨。小鱼去买鸡蛋的路上,一路边玩边走,走到小商店,扮成妈妈的样子让老板拿鸡蛋,路上捡到的蓝色弹珠、踩在落叶上的声音、采花带回家……是我们生活中的故事,表现出小朋友们的纯真与自得其乐。

绘本《在森林里》的分享

孩子们发现这本绘本的每一页都是黑白的画面,在这个故事中小男孩在森林里散步遇到了很多小动物,小动物们都跟着他一起散步,他们还一起玩游戏。

附　录

孩子们对《在森林里》的读后赏析

Lucky：这是一本小男孩幻想出来的故事，看到书中的黑白画面，我也能想象到。小男孩的爸爸很好，来接小男孩回家，没有打破小男孩的幻想。

师：小朋友听得非常仔细，这是一个充满幻想的故事，是小男孩心中的世界，在那里，动物们一个接一个地出场，小男孩和它们一起野餐一起玩，非常开心。爸爸来接男孩回家，一切都回到了现实，小男孩期待下次与动物朋友们再相聚。

绘本《门铃响了》的分享

这本绘本情节设计得非常巧妙，以门铃响了为故事情节发展的导线，每次讲到门铃响了，孩子会笑嘻嘻地配合"叮咚！"同时又满怀好奇，到底是谁来了呢？分享结束后，孩子们发挥自己的想象，给这本书续编有趣的故事情节。"原来是小鳄鱼来了，他是闻着香味来的""是爸爸回来了，爸爸带回来2袋饼干，把饼干分给小朋友品尝"……

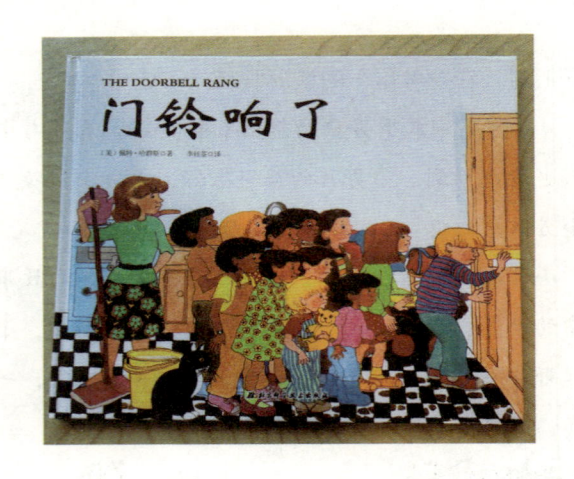

孩子的续编

墨墨：原来是爸爸回来了，爸爸提着一大袋饼干回来了。"快进来。"妈妈说。"我们一起分享饼干吧！""它们看起来和外婆做的一样好吃！"墨墨说。

冰冰：门铃响了。"叮咚"。妈妈打开门一看，是姐姐来了，她带来了好多的饼干，全身都是饼干，一边走一边掉，掉得哪里都是。姐姐带回来24块饼干，"我们又有饼干可以分享了！"冰冰说。

Lucky：爸爸回来了，带回来2袋饼干，把饼干分给小朋友品尝，他们说"跟外婆做的一样好吃！"小朋友们围着桌子开心地

吃饼干。

恺恺：门铃响了，妈妈打开门，原来是小鳄鱼来了，它是闻着香味来的。"小鳄鱼，你可以跟我们一起分享饼干。"妈妈说。

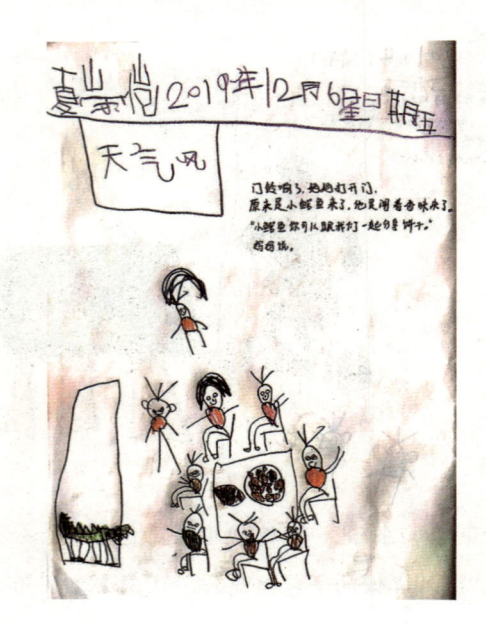

从"做一本书"去认识书、爱上书，孩子们在团体的互动情境中参与讨论，能生动地讲述、辨认与欣赏创作者的图像细节与风格，并创编故事制作图画书，孩子们听、说、读、写、画的能力也得到了提升，也更加喜欢阅读了。

"读万卷书，行万里路"，在阅读中思考，在阅读中辨析，在阅读中创编，培养孩子阅读的习惯，让孩子爱上阅读，走进更广阔的世界！

以下是幼儿园高智丽老师的领悟和感触：

我发现孩子们在接触新的故事类型时，会产生强烈的好奇心，他们的感受是非常敏锐的，有自己独特的想法和观点，甚至会产生新的发现，他们愿意主动分享自己的想法，或者疑虑。在讲述的时候语言加上身体动作，非常生动有趣，他们专注、投入的状态也让我感动。在每次故事分享结束后，孩子们会兴奋地问我："Lily，Lily，明天会分享什么样的故事呀？我觉得太有趣

了，真希望明天快点到来。"

课程结束，带给我无法用语言表达的欣慰和满足，我深深地感受到与孩子共同成长的感动。孩子们带给我很多惊喜和变化，也是他们的好奇与热情给了我坚持下去的动力。我觉得这个过程对我、对孩子，都是有意义的，是有美好感官体验的，这个经验对我来说也是有触动的，是深刻而难忘的。

我们常常教导孩子，不管遇到什么困难，一定不能轻易放弃，只要坚持想办法，所有困难最终都会被解决。所以只要想做，只要有兴趣，不要想那么多，用心去做就一定能有所收获。我们只需要真诚、有爱地陪伴与支持孩子，与孩子一起成长。坚持，不放弃！带着孩子去经历、去探索，只要愿意就会有可能。

后 记

我在儿子来北京上大学之前从来没有想过来北京开办幼儿园，也从来没有在我的人生规划里想过写书。那个想来北京开幼儿园的念头一瞬间蹦出来的时候是丝毫没有前兆的。由于身体状况开始研究脑科学，不断地看脑科学书的时候，有一天半夜醒来，突然萌生了想把我多年的幼儿教育和脑科学的知识结合起来分享给家长们的念头，也是一秒钟之内的事情，这个念头来得太突然，而它的产生让我异常兴奋，又给我增添了生活的乐趣和动力。

如今本书已经杀青，也即将付梓，希望本书的面世能对读者有所启示和帮助，能使家长朋友们在教育孩子方面更上一层楼。

这本书不是我一个人的作品，是整合了我们所有老师们的辛苦工作、学习的智慧。本书所有的图片、课程案例均来自我们幼儿园的原创，提供和参与本书案例的老师有李晔、王晶、高志丽、朱磊、王蕊等，由于篇幅有限，还有很多精彩的课程未在本书中体现。

最后，我想借本书表达一下自己的感激之情！

感谢给予我生命的父母，是他们给我创造了富有爱的原生家庭，富有夫妻同甘与共的家庭信念给予我力量。感谢我的先生和我的孩子们。

感谢北京幼儿园的合伙人刘建生、汪海滨、赵利琨、于德泉先生，在办园的过程中不论遇到多少艰难困苦，我们始终并肩作战，这是我们幼儿园可持续平稳发展的重要保障。感谢我们幼儿园的管理团队，你们的专业管理让我有更多的时间来梳理我的思路。感谢幼儿园一线的老师们，你们始终坚持探究课程的探索，积累了丰富的课程材料，给予孩子们成长的支持。感谢我们幼儿园小朋友提供的原创作品，为本书提供了图片素材。

感谢北京市属地教委业务部门的指导，感谢北京市属地政府部门的支持。感谢延吉市教委业务部门的指导。感谢北京学前教育协会，感谢延吉市民办园长协会。

感谢所有在我们的事业发展遇到瓶颈的时候伸出援手的亲朋好友们。

金华